㈱サンレー　代表取締役社長
佐久間庸和
Sakuma Tsunekazu

ウェルビーイング？
Well-being?

オリーブの木

まえがき　四〇年前の決断

いま、世間では「ウェルビーイング」が時代のキーワードになっています。

ウェルビーイングの定義は、「健康とは、たんに病気や虚弱でないというだけでなく、身体的にも精神的にも社会的にも良好な状態」というものです。そして今までは、身体的健康のみが一人歩きしてきた――そんな印象でした。

わたしは冠婚葬祭互助会の株式会社サンレーを経営しています。父親である佐久間進が創業した会社を継承した、いわゆる二代目経営者です。現在、その父は会長としてわたしの良き手本であり、最高の相談相手として会社の現在・未来に情熱を注いでくれています。

公私にわたってリスペクトする会長ですが、なかでも驚きをもって尊敬していることがあります。それは、本書のテーマである「ウェルビーイング」の理解と実践です。なんと、会長はまだ誰も注目していない四〇年近く前に、わが社の経営理念として、またこれからの社会理念として「ウェルビーイング」を掲げていたのです。

國學院大學で日本民俗学を学び、その後はＹＭＣＡホテル専門学校でサービスの実務を学んだ父は、「冠婚葬祭」や「ホスピタリティ」に強い興味を抱き、これらを自身のライフワークにすると決めました。そして、「日本心身医学の父」などと呼ばれた九州大学名誉教授の池見酉次郎先生との出会いから、「ウェルビーイング」という理想にめぐり合いました。

わたしも当時はサンレー社長であった父から、「ウェルビーイング」の考え方を学んできました。その実現方法についても語り合ってきました。結果、わたしの一連の著作のキーワードにもなった「ハートフル」が生まれ、わたしなりに経営および人生のコンセプトにしてきました。「ハートフル」のルーツは、まさに「ウェルビーイング」だったわけです。

いま、「ウェルビーイング」は、「ＳＤＧｓ」の次に来る人間の本質的な幸福を目指すコンセプトしてクローズアップされています。本書を通じて、父の先見性と想いを再確認しながら、新たなわたしなりの「ウェルビーイング」を語ってみたいと思います。

ウェルビーイング?
もくじ

第1章
ウェルビーイングとは何か

第2章 進化するウェルビーイング

第1章

ウェルビーイングとは何か

身体的健康だけではないウェルビーイング

ウェルビーイングとは、一九四八年のＷＨＯ（世界保健機関）憲章における健康の定義に由来した思想です。その定義は、「健康とは、たんに病気や虚弱でないというだけでなく、身体的にも精神的にも社会的にも良好な状態」というもの。そして、その後は身体的健康のみが一人歩きしてきた感があります。

健康は幸福と深く関わっています。人間は健康を得ることによって、幸福になれます。いま、文明が急速に進み、社会が複雑化するにつれて、現代人はストレスという大問題を抱え込みました。ストレスは精神のみならず、身体にも害を与え、社会的健康をも阻みます。つまり、身体の健康だけでは幸福を感じることができない、といっても言い過ぎではありません。幸福を目指すウェルビーイングもまた進化しているといえます。

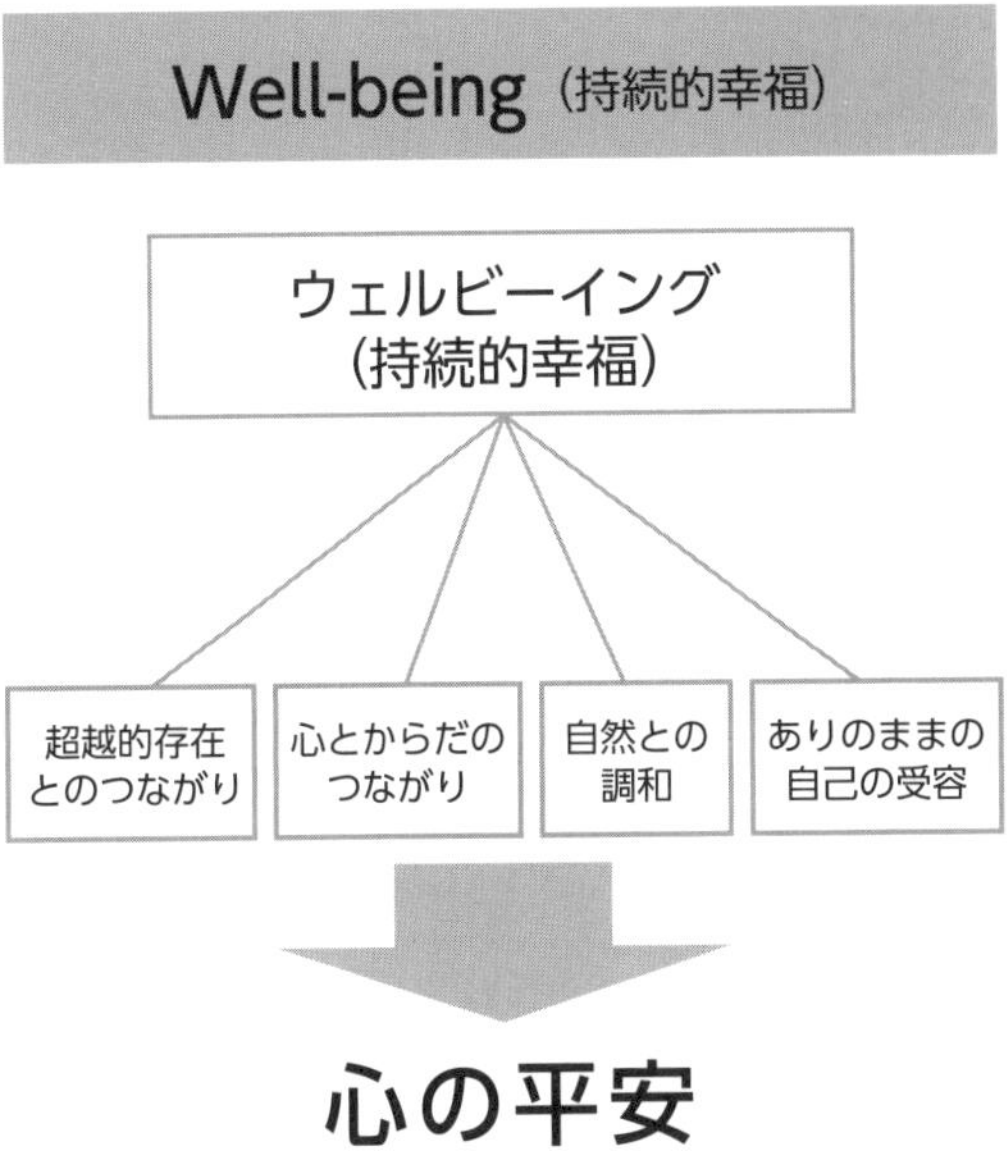

© 伊藤雅之
『現代スピリチュアル文化論』
（明石書店）より

日本のウェルビーイング度は？

ウェルビーイング――幸せをはかる基準とは何でしょうか。

新しい資本主義では、ウェルビーイングの達成も目的となっています。

「世界幸福度調査」というものがあります。

その結果は「世界幸福度ランキング」として二〇一二年に開始され、二〇二二年で一〇年目となりました。毎年三月二〇日、国連が定めた「国際幸福デー」に発表されます。この日は、「ハピネスデー」とか「幸福の日」としても知られています。

「国際幸福デー」は、幸福やウェルビーイングを啓発、促進するキャンペーンとして二〇一一年に発表されました。その後、二〇一二年に国連顧問のジェイム・イリエンが提唱し、国際連合総会で一九三か国の加盟国が満場一致で採択しました。

二〇二二年の世界幸福度ランキングの調査は、一五〇以上の国や地域の約一〇〇〇人の市民を対象に実施しました。具体的な調査方法は、「一人当たりの国内総生産（GDP）」「社会的支援」「健康寿命」「社会的自由」「寛容さ」「汚職の無さ・頻度」「ディストピア（人生評価／主観満足度）＋残余値」といった評価項目を国・地域ごとに数値化、分析して、過去三年分を積算した平均値で順位を決めています。その結果、日本は五四位でした。

2022年世界幸福度ランキング

順位	国名	前年順位
1位	フィンランド	1位
2位	デンマーク	2位
3位	アイスランド	4位
4位	スイス	3位
5位	オランダ	5位
6位	ルクセンブルク※	8位
7位	スウェーデン	7位
8位	ノルウェー	6位
9位	イスラエル	12位
10位	ニュージーランド	9位

出典：「Sustainable Development Report 2022」より

※2020年もしくは2021年の調査結果がない国で、2019年結果の平均値よりランキングを決定

ウェルビーイングは「イキイキ」

一時、「ＰＰＫ」という言葉が流行しました。「ピンピンコロリ」の頭文字ですが、人生の最期まで元気で過ごし、寝込むことがなく死にたいという老後の理想です。

ウェルビーイングを「イキイキ」と表現した人がいます。『むかしむかし あるところに ウェルビーイングがありました』石川善樹×吉田尚記著（ＫＡＤＯＫＡＷＡ）の著者の吉田尚記氏で、「『ウェルビーイング』を最もダサい日本語で表すなら、僕は『イキイキ』がしっくりきます。」「『未来』を想像したとき何を思うか」では、「実は人間は起きている時間のほとんどを、未来のことを考えて過ごしています。『今日のお昼はどうしよう』『案件はどうやって進行させよう』いうように、今、目の前にある瞬間ではなく、これから起きる未来のことに頭を働かせる時間のほうが、圧倒的に長いのです。未来のことを想像しながらワクワクする」と述べます。幸せとはそんなイメージかもしれません。

ＳＤＧｓの奨励賞を受賞

ＳＤＧｓの重要性が各所で唱えられています。

ＳＤＧｓ（Sustainable Development Goals）は「持続可能な開発目標」という意味です。国連で採択された「未来のかたち」です。健康と福祉、産業と技術革新、海の豊かさを守るなど経済・社会・環境にまたがる一七の目標があり、二〇一五年の国連総会で全加盟国が合意。そして、二〇三〇年までにそのような社会を実現することを目指しています。

日本では、横浜市と北九州市がＳＤＧｓに熱心に取り組んでいることで知られています。その北九州市の「２０２１北九州ＳＤＧｓ未来都市アワード」において、わが社が奨励賞を受賞しました。他の受賞企業は製造業のみで、いわゆる非製造業ではわが社のみでした。とても名誉なことだと思っています。

ＳＤＧｓは関連している課題

慶應義塾大学大学院政策・メディア研究科教授の蟹江憲史氏の著書『ＳＤＧｓ（持続可能な開発目標）』（中公新書）によれば、感染症への対処、ワクチンなど医薬品の開発、「元に戻る」ためのレジリエント（復元力の高い）なインフラ構築、差別の撤廃、廃棄物の大幅削減、そして貧困の解消。これらはすべてＳＤＧｓの目標に含まれています。

現代社会には、多くの課題があります。大きく分けると、これらの課題は、経済の問題、社会の問題、環境の問題と三つに分けることができると指摘し、蟹江氏は「より身近な言い方をすれば、カネ・ヒト・地球の問題である。それらは一見独立した問題のようにも思われるが、実はそれぞれが深く強く関連している」と述べています。課題が相互に関連しているということは、課題解決も一筋縄では行かないわけで、何かを解決しようとしても、総合的に考えて行動を取らない限り、全体として課題を解決することにはならないのです。

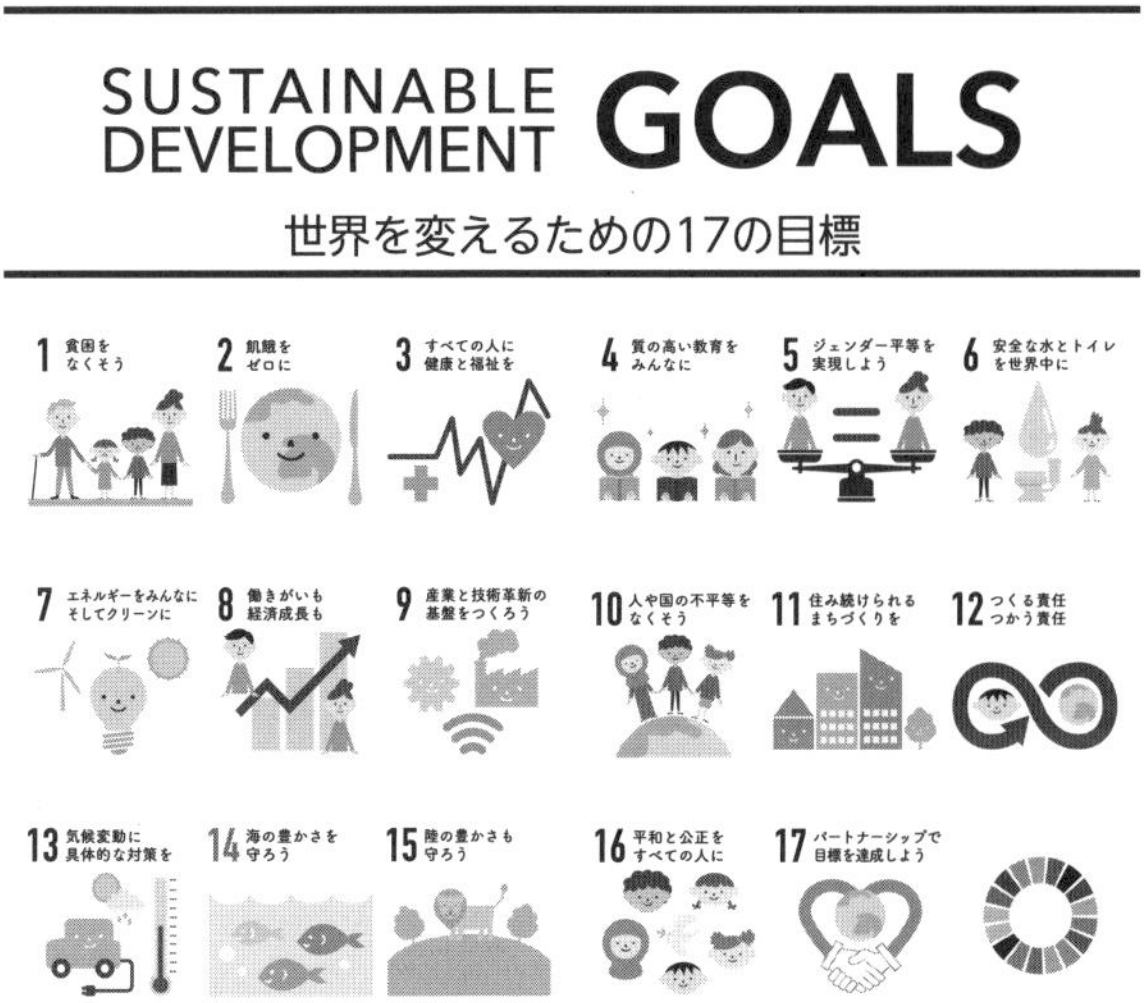

SDGsとは

2015年に国連総会で採択された17の国際目標です。すべての人々にとってよりよい、より持続可能な未来を築くための目標、青写真といえるものです。

貧困や不平等、気候変動、環境劣化、繁栄、平和と公正など、私たちが直面するグローバルな諸課題の解決を目指します。

SDGsの目標は相互に関連しています。誰一人置き去りにしないために、2030年までに各目標・ターゲットを達成することが重要です。

「四方よし」とは何か

日本では江戸時代以来、近江商人の経営哲学としての「三方よし」という考えがよく知られています。「売り手よし」「買い手よし」「世間よし」として、売り手も買い手も満足し、そして世間（社会）も良くなる商いが良い商売だという考えです。

ＳＤＧｓはこの考えをもう一歩進めた「四方よし」であると指摘する蟹江氏は、「従来の『三方よし』には足りなかった考え方があった。『未来よし』である」と述べています。その「未来よし」を補ってくれるのがＳＤＧｓなのです。

未来には、これまでの延長線上で考えられないことがたくさん出てくるとして、蟹江氏は「つまり、今とは異なる条件のなかで、課題解決を継続的に行っていくためには、『四方よし』の必要があるわけである。こうしたなかで、企業がＳＤＧｓへの注目を高めているというのは、必然だといってよい」と述べるのでした。

人類の生存戦略としてのSDGs

わたしは、SDGsとは「人類の生存戦略」だと考えています。わが社の社歌を作ってくださった神道ソングライターで宗教哲学者の鎌田東二先生は、「いのちの讃歌としての『古事記』は日本人の生存戦略の書でもある。すなわち『まつり』と『うた』を発明したのがそれである」と述べておられます。これには膝を打ちました。

なるほど、「まつり」と「うた」は日本のSDGsに関わっていたのか！　それなら、北島三郎の「まつり」をカラオケで「うた」っていたわたしはどうなる？（笑）

『古事記』のみならず、各民族の神話はそれぞれの生存戦略の書であるという見方もできます。つねづね、鎌田先生は「人類は神話と儀礼を必要としている」と述べておられ、わたしも大いに共感していますが、それは結局、神話と儀礼の本質は人類を滅亡させずに持続させるためのものということでしょう。

儀式が社会を持続させる

神話と儀礼の本質は「物語」です。

鎌田先生は儀礼について「人間がリアルからいったん離れて、あえてフィクショナルな世界に身を投じること」と喝破されました。儀礼の核をなすものが儀式です。儀礼や儀式といえば、わが社をはじめとした冠婚葬祭互助会が提供するものです。考えてみると、冠婚葬祭とは社会を持続させるシステムそのものではないでしょうか。

結婚式は、夫婦を生み、子どもを産むことによって人口を維持する結婚を根底から支える儀式です。一方で葬儀とは、儀式とグリーフケアによって死別の悲嘆によるうつ、自死などの負の連鎖を防ぐ儀式です。冠婚業も葬祭業も、単なるサービス業ではありません。それは社会を安定させ、人類を存続させる重要なケアの文化装置なのです。

ＳＤＧｓこそ、互助会の出番！

冠婚葬祭互助会の根本理念である「相互扶助」は、社会の持続性により深く関わります。ＳＤＧｓといえば、まずは環境問題が思い浮かびますが、人権問題も貧困問題も児童虐待も、すべての問題は根が繋がっています。その意味で、入浴や食事がままならないお子さんがいる現状を見て見ぬふりはできません。

わが社は、「日王の湯」という福岡県最大級の温浴施設を運営していますが、ここで、子どもたちに温泉に入ってもらった後、食堂でカレーライスをお腹いっぱい食べてもらうイベントを定期開催しています。これこそ新しい互助会の在り方だと思います。児童養護施設のお子さんたちに、七五三や成人式の晴れ着を無償レンタルするのも同様です。儀式の素晴らしさを知れば、将来は互助会との縁ができるかもしれません。ＳＤＧｓの時代こそ、互助会の出番であると思います。

ＳＤＧｓとウェルビーイング

ＳＤＧｓは、国連で採択された「未来のかたち」であり、一七の目標を二〇三〇年までに実現することを目指しています。つまりＳＤＧｓは、二〇三〇年までという期間限定なのです。それ以降のキーワードは「ウェルビーイング」に集約されると言われています。

ＳＤＧｓの目標3には「Ｇｏｏｄ Ｈｅａｌｔｈ ａｎｄ Ｗｅｌｌ-Ｂｅｉｎｇ」がありますが、「すべての人に健康と福祉を」と訳されています。ここでウェルビーイングが登場しているわけですが、今やウェルビーイングは健康と福祉の枠を超えて、ＳＤＧｓの一七の項目を包括する概念ともいわれています。

ウェルビーイングとは何よりも「持続的幸福」であり、「心と体のつながり」「自然との調和」「超越的存在とのつながり」「ありのままの自己の変容」によって成り立ち、「心の平安」を志向しています。

SDGsの次に来るもの

SDGsの次に来るのがウェルビーイングであると提唱している研究者がいます。

九州国際大学の現代ビジネス学部地域経済学科教授の福島規子氏です。

福島教授は、「観光経済新聞」二〇二三年四月一〇日号で、ウェルビーイングを「天気」にたとえ、「気象学の『天気』のような構成概念であり、それを構成する気温や湿度、風速、気圧などが操作可能な実在する要素と言える。どの程度の気温や湿度を良い天気と感じるのかは、人それぞれだが、気温や湿度を測定することで最大公約数的良い天気を予測することはできる」と述べています。

この天気と同じくウェルビーイングも「それ自体を測定することはできない」が、構成する要素で幸せを作り出すことができるというのです。そして、いまや企業経営だけではなくマーケティングにもウェルビーイングが取り入れられているといいます。

国や企業も、ＳＤＧｓの次はウェルビーイングであると認識しています。

二〇二一年、日本政府が毎年六月に打ち出す「成長戦略実行計画」において、ウェルビーイングという言葉が登場しました。「国民が Well-being を実感できる社会の実現」という文脈の中でした。

国より一足早く、企業もウェルビーイング経営に向かって舵《かじ》を切り始めています。

トヨタ自動車の豊田章男社長（当時）は二〇二〇年の中間決算の発表で、「幸せを量産する使命」という表現で、ウェルビーイングの追求を経営理念の中核に置くと発表しました。トヨタ自動車は「車を量産する」会社ではなく、その先にある「幸せを量産する」ことこそが新しいミッションであるという考えを打ち出したのです。つまり、お客様に「車を提供する」のではなく「幸せを提供する」のだという大胆な発想の転換が見られます。

他にも、日本を代表する企業が続々とウェルビーイング経営を取り入れています。

たとえば、京セラ。創業者である故稲盛和夫氏は、創業当時から全社員の物心両面の幸福を追求しています。たとえば、清水建設。井上和幸社長も社員の幸せが大事だといっています。たとえば、積水ハウス。仲井嘉浩社長も、家をつくるのではなく「我が家を世界一幸せな場所にする」と発言していて、いよいよ企業トップが「幸せ・幸福」という言葉を使う時代に変わってきたと感じます。

ＩＴ系の企業も積極的に取り入れています。サイボウズもその一つです。ＧＡＦＡが利益を上げることを第一目的としてビジネスモデルを構築しているのに対して、サイボウズは働く人がより楽しく幸せに働くために役立つことを常に第一に考えているそうです。

かつてのバブル期、企業はメセナなどの文化活動に積極的に関わってきましたが、いざ景気が悪くなると途端に撤退しました。流行だけで、ウェルビーイングを掲げても本来の長期的利益には結びつかないと思います。いったん利益を忘れてウェルビーイングを中心にすべてを考える。その結果、これまで述べてきた会社は安定的に利益を上げています。

真にウェルビーイング第一の会社をつくることが肝要です。

Society 5.0をご存知ですか?

もはや高度情報社会という言葉が死語に感じるほど、社会のＩＴ化の速度はすさまじく、現在ではＡＩが重要なファクターとなっています。

そんななか、内閣府が打ち出したコンセプトに〝Society 5.0〟がありました。わたしたちが目指すべき人間中心の社会を「経済的発展と社会的課題の解決を両立し、人々が快適で活力に満ちた質の高い生活を送ることのできる」社会としています。経済発展、社会課題解決、快適性の両立が難しいという認識が背景にあります。難しいからこそ〝Society 5.0〟で、その実現に挑むという意味があるということなのでしょう。

ビッグデータ化やサービスの連携など、これから社会に向けて、ハピネス（幸福感）というものに持続性を加えたウェルビーイングの幸福へと進化させることが重要だと思います。人間を中心に置いたウェルビーイング社会の構築です。

ウェルビーイングは「幸福」と同義語

わたしは、ウェルビーイングとは「幸福」の同義語であると思います。ウェルビーイングという言葉が、日本の学問分野ではどのように使われているのでしょうか。たとえば、医療系の学会では「健康」と訳されています。心理学者は「幸せ」。福祉関係の学会では「福祉」と訳されています。

わたしが経営する会社は冠婚葬祭互助会です。これは、儀式を中心として、会員様に幸福を提供する組織です。さらに、わが社は隣人交流イベントやグリーフケアや温浴事業、介護事業などを通じて、幸福を多角的にプロデュースしてきました。

わが社の事業の中核には「ウェルビーイング」があることを自覚して、さらに世のため人のために尽くしたいものです。そして、それは、わが社の社員のみなさん自身も幸せになる道でもあると考えています。

「ハートフル」とは何か？

幸せと聞くと、「ハピネス」という言葉がまず頭に浮かびます。

では、ウェルビーイングとハピネスとは何が違うのでしょうか。

ハピネスは「快楽的なもの」、ウェルビーイングは「目指す良き人生」と区分けする方法があります。別なとらえ方をするなら、ハピネスは一時的、ウェルビーイングは長時間（人生）といった中で感じる幸福感といえるでしょう。

ウェルビーイングは相手を幸せにすることでもあります。自らが幸福であり、かつ、他人を幸福にするという人間の理想が集約された思想とも言えるでしょう。もっと簡単にいえば、ウェルビーイングは「幸福な存在、相手を幸福にする存在」ということでしょう。

さらに、ウェルビーイングについて考えると、「ハートフル」という言葉に行き着きます。

これは、わたしの処女作である『ハートフルに遊ぶ』（東急エージェンシー）で初めて示したコンセプトです。人は感動することによってハートフルになれます。天にも昇るような、おいしいものを食べてハートフルになったり、魂を揺り動かすような音楽を聴いて、映画を観て、リゾートで遊んで、ハートフルになったりします。素晴らしい自然に触れたり、スポーツで汗を流したりするうちにハートフルになることもあります。また、結婚式という人生で最も輝いたセレモニーにおいてハートフルになる人も 多いでしょう。

わたしは、「ハートフル」とは心の満月であると考えます。

月が人間の精神に与える影響については『ロマンティック・デス〜月を見よ、死を想え』(幻冬舎文庫)に書きましたが、その人間の精神そのもの、つまり心というものも月に似ています。人は倦怠しているとき、下弦の月のごとく、その精神の四分の三が影となっています。何かで悩んだり、ねたみ、そねみ、憎しみなどのネガティブな感情に陥っているとき、暗雲に隠された月のように心も闇に覆われているのです。しかし、何かで感動したり幸福感などでにわかに活気づくと、心の満月が突然現れ、人は自分の内側にある生命の源と触れ合っていると感じます。この心の満月が「ハートフル」なのです。

「死」と幸福論

ウェルビーイングが人生の中で目指す幸福感、人生の中で感じる幸福感であれば、最期（死）をどのように迎えるか、というのは大きな達成感（幸福感）につながります。

わたしは「死は不幸ではない」という考えを日頃から提案してきました。物心ついたときから、わたしは人間の「幸福」というものに強い関心がありました。学生のときには、いわゆる幸福論のたぐいを読みあさりました。それこそ、本のタイトルや内容に少しでも「幸福」の文字を見つければ、どんな本でもむさぼるように読みました。

政治、経済、法律、道徳、哲学、芸術、宗教、教育、医学、自然科学……人類が生み、育んできた営みはたくさんあります。では、そういった偉大な営みが何のために存在するのか。その目的は「人間を幸福にするため」という一点に集約されるということです。

そんなわたしが、どうしても気になったことがありました。

それは、日本では、人が亡くなったときに「不幸があった」と人々が言うことでした。わたしたちは、みな、必ず死にます。死なない人間はいません。いわば、わたしたちは「死」を未来として生きているわけです。その未来が「不幸」であるということは、必ず敗北が待っている負け戦に出ていくようなものではないかと思えたのです。

わたしたちの人生とは、最初から負け戦なのでしょうか。どんなすばらしい生き方をしても、どんなに幸福を感じながら生きても、最期には不幸になるのか。亡くなった人はすべて「負け組」で、生き残った人たちは「勝ち組」なのか。そんな馬鹿な話はありません。わたしは、「死」を「不幸」とは絶対に呼びたくありません。なぜなら、そう呼んだ瞬間に将来必ず不幸になるからです。死はけっして不幸な出来事ではありません。

「不幸」の反対は「幸福」です。人間の幸福について考えるなか、その根底には「死」というものが厳然として在ることを思い知りました。そして、ウェルビーイングの幸福論は「死」というものが欠けている、そんなイメージを持ち続けていました。

「死」は、わたしたち人間にとって最重要テーマです。

死生観は幸福につながる

わたしたちは、どこから来て、どこに行くのか。そして、この世で、わたしたちは何をなし、どう生きるべきなのか。これ以上に大切な問いなど、この世には存在しません。

なぜ、自分の愛する者が突如としてこの世界から消えるのか、そしてこの自分さえ消えなければならないのか。これほど不条理で受け容れがたい話はありません。

わたしは一連の著書で、死の不安や死別の悲嘆を乗り越えるための本や映画や名言などを紹介してきました。そして、すべての方がおだやかな「死ぬ覚悟」を自然に身につけることを願いました。それとともに「生きる希望」を持つことができるなら、こんなに素晴らしいことはありません。

そう、死生観は幸福につながるのです。ゆたかな死生観を持つことは幸福の根幹につながっています。

自分のお葬式をイメージする

死生観を持つうえで重要なのが、お葬式です。

あらゆる生命体は必ず死にます。もちろん人間も必ず死にます。

親しい人や愛する人が亡くなることは、誰にとっても悲しいことです。

しかし、死そのものは決して不幸なことではありません。残された者は、死を現実として受け止め、残された者同士で、新しい人間関係をつくっていかなければなりません。

葬儀は故人の人となりを確認すると同時に、そのことに気がつく場です。葬儀は旅立つ側から考えれば、「最高の自己実現」であり、「最大の自己表現」の場ではないでしょうか。

「葬儀をしない」という選択は、その意味で自分を表現していないことになります。

「死んだときのことを口にするなど縁起でもない」と、忌み嫌う人もいます。

果たしてそうでしょうか。わたしは、葬儀を考えることは、いかに今を生きるかを考えることだと思っています。

ぜひ、みなさんもご自分の葬義をイメージして下さい。そこで、友人や会社の上司や同僚が弔辞を読む場面を想像して下さい。そして、その弔辞の内容を具体的に想像して下さい。そこには、あなたがどのように生きてきたかが克明に述べられているはずです。

葬儀に参列してくれる人々の顔ぶれも想像して下さい。そして、みんなが「惜しい人を亡くした」と心から悲しんでくれて、配偶者からは「最高の連れ合いだった。あの世でも夫婦になりたい」といわれ、子どもたちからは「心から尊敬していました」といわれる。

どうですか、自分の葬儀の場面というのは、「このような人生を歩みたい」というイメージを凝縮して視覚化したものなのです。そんな理想の葬式を実現するためには、残りの人生において、あなたはそのように生きざるをえなくなるのです。

これこそが、「死を見つめることによって生が輝く」ということではないでしょうか。

ぜひ、みなさんも今から自分の葬義をイメージしてみてください。きっと、死ぬことの「おそれ」が消えていき、現在の「生」が生き生きと輝くことでしょう。

健康長寿と幸福の関係

幸せを感じていれば健康長寿になる――これは本当です。『ウェルビーイング』（日経文庫）に「幸せな人は長生きする」という米国の心理学者エド・ディーナーのレビュー論文が紹介されています。

先進国に住む多くの人を対象にした幸せと寿命の調査の結果、幸せを感じている人は、そうでない人に比べると七年から一〇年寿命が長いとのこと。さらに修道院の修道女一八〇人に対する調査では、修道院に入所したときに幸せと感じていた修道女の寿命は、あまり幸せとは感じていなかった修道女に比べて、やはり七年長いという結果が出ているそうです。幸せを感じていれば健康長寿であるということです。

芸術家、とくに画家が長生きだといわれています。これは自分が好きなことを生業としていることで、ストレスを感じていないからだといわれています。

老いは本来、幸せな時間である

年齢が上がるにつれて不幸感が増すとされています。人間は、生を受けてから年を重ねるごとに次第に不幸感が増していき（四〇代、五〇代は、会社で中間管理職になったり、家族や生活を背負う）、五〇歳頃に底を打ち、それを超えるとまた幸福感が増していくという傾向があるそうです。内閣府による調査ではUカーブを描いています。

時代の影響を受けるのではないかとの意見もあるかもしれませんが、世界中のいろいろな時期の調査でも一律にUカーブになることが知られています。

精神科医の和田秀樹氏は、著書『老人入門』（ワニブックス）で「老いの悪いイメージだけに囚われてしまうと、老いは不幸な出来事でしかありませんが、楽になれると思えば老いの中にはそれなりの幸せが用意されていることにも気がつきます。人生の終盤に、どんな人にもやってくるのが老いなのですから、どうせなら幸せが用意されていると考えたほうがいいですね。そうでなければ長生きすることがただつらいだけのことになってしまいます」と書かれています。まったく同感です。

また、同書の第十九講「『どんな年寄りになってやろうか』と考えていい時代」の「『どんな年寄りになるか』をグランドデザインしておこう」では、老いてしまえば世間体からは自由であり、失敗したとしてもそれほどダメージはないと指摘し、和田氏は「時間ならいくらでもあります。いままでの人生で制約となっていたものがすべて消えているのですから、それこそどんなに奔放なグランドデザインでも描けるはずです。自分が好きな世界、やりだせば夢中になってしまうこと、憧れるだけでいままで諦めてきた世界の中に、きっと老いてからの人生で挑戦できるものがあるはずです」と述べています。

わたしには『老福論――人は老いるほど豊かになる』（成甲書房）という著書がありますが、高齢者が幸福を感じやすい社会を目指すべきであり、それが心ゆたかな社会であると考えています。

楽観的な性格の人は幸福？

「幸せは、健康の最大の友」と指摘する研究者がいます。

『ウェルビーイング』（日経文庫）の著者である前野隆司氏です。前野氏は、慶應義塾大学ＳＤＭ研究科教授でウェルビーイングリサーチセンター長、一般社団法人ウェルビーイングデザイン代表理事、ウェルビーイング学会会長でもあります。

幸せと健康は相関が高く、幸せと「健康だと思うこと」の相関はさらに高いことが知られています。ポジティブ感情、すなわち幸せだという感情は、中枢神経系や自律神経系、免疫系に影響することが知られています。幸せと感じれば免疫力は高まるといいます。

幸せな人は、うつ病、大腸がんなど、多くの病気にかかりにくいことも知られています。さらには、幸せな人ほど自殺願望は低いということも確認されています。

前野氏は、「過去の楽しかった思い出、うれしかった思い出は、思い返すと幸せになりますが、嫌なこと、辛いことなど、後ろ向きなことも、それを体験したことによって自分は成長したと考えればポジティブになれます。過去と現在を後ろ向きに捉えれば不安や心配、猜疑などが増す不幸な状態に陥ります。しかし、嫌なこと、辛いこと、悲しいことがあったときには、同時に誰かに助けられたり、新たな知見を得たりするなど、必ずその隣や裏にはよいこともあるので、過去と現在を前向きに捉えることで幸せになれるのです。未来もそうです。未来は大変だ、辛い、と考えると不安にさいなまれるだけですが、楽観的になんとかなると捉えれば幸福度は高まるということです」と述べています。

さらに前野氏は「日本人も、もう少しユーモアのセンスを磨くと幸福度が高まる」とも述べます。欧米ではユーモアがリーダーとなるべき人の条件、教養人の条件のように捉えられているそうです。

冠婚葬祭互助会であるわが社は、高齢会員のみなさんに「落語の会」や「笑いの会」の開催などを通して、笑いによる縁としての「笑縁」づくりに励んでいます。

ESという言葉をご存知ですか？

いま、ビジネス界ではESが話題になっています。

ESとは「エンゲージメント・スコア」の略ですが、エンゲージリングとは婚約、つまり会社との良好な関係を数値化したものです。

従業員が働くうえで仕事や環境に満足しているかを調べるES（Employee Satisfaction：従業員満足度）とは違います。

最近では、従業員エンゲージメント、ワーク・エンゲージメントなどと呼ばれる調査が盛んになっています。ここでは、従業員のウェルビーイングが決め手になります。従業員をただ満足させるだけではなく、従業員が主体的に仕事に対する高い熱中度や職場とのよい関係性を持つことが重視されます。つまり、従業員主体に考えられるかどうかが問われているわけです。

エンゲージメントとウェルビーイングはどう違う？

エンゲージメントは「従業員にはこの会社を気に入って働いてほしい」というような企業目線からの考え方であるのに対し、ウェルビーイングは「そもそも人間は幸せに生きるべきである」という人類目線でもあります。

「従業員の幸福と働き方改革」では、ウェルビーイングが産業界で取り上げられはじめたのには、国が健康経営と働き方改革を推進している事情も関係しています。

「幸福度とパフォーマンスの関係」では、幸福度の高い社員は、そうでない社員よりも欠勤率が四一％低く、離職率が五九％低く、業務上の事故が七〇％少ないという研究結果もあるそうです。幸せな人は創造性も生産性も高く、ミスも少なく休んだり辞めたりもしないということです。働く者にとって幸福度がいかに大事か、そして企業もまたそうした環境を整えることが求められています。

未婚より結婚したほうが幸せ？

個人としてのウェルビーイングを考えた場合、結婚というのは大きな問題です。未婚よりも配偶者のいるほうが幸せな傾向があるとされています。この結果は統計結果ですので、未婚の方がすべて不幸というわけではもちろんありません。

とはいうものの、パートナーや友人、家族といった人とのつながりを豊かにすることが、ウェルビーイングのために大切だということを示していると思います。

アメリカの人類学者で人間行動研究者のヘレン・フィッシャーは、ベストセラー『愛はなぜ終わるのか―結婚・不倫・離婚の自然史』（草思社）において、愛は四年で終わるのが自然であり、不倫も、離婚・再婚をくりかえすことも、生物学的には自然だと説いています。

最近の研究では、結婚後三年ほど経つと、「好きだ」という感情をもたらす脳内物質のエンドルフィンの分泌が低下する結果、幸福度は結婚前の水準に戻るとされているそうです。

子どもの幸福度は？

結婚とくれば、子どもを含んだ家族の幸せはどうでしょうか。

子どもができて巣立つまでは幸福度が低いという研究結果もあるそうです。

子どもができる前と子どもが巣立ったあとに比べて、子育て期間のほうが幸福度が低い――少々意外な気がします。

小さくてかわいい子どものいる家族は傍から見ると幸せの象徴のように見えます。

しかし、前述の前野氏は著書『ウェルビーイング』で、「子育て中には幸福度を高めることに気を配った生活をするよう心がけるべきだということです。さらに注意すべきことに、零歳児のいる夫婦の離婚が一番多いという統計データがあります。零歳児がいる夫婦は、周りの人たちとも力を合わせて子育てすべき時期なのに、幸福度が低く離婚が多いというのは深刻な社会課題だというべきでしょう」と述べています。

人は老いるほど豊かになる

超高齢社会となった日本において、わたしたちは何よりもまず、「人は老いるほど豊かになる」ということを知らなければなりません。現代の日本は、工業社会の名残りで「老い」を嫌う「嫌老社会」です。でも、かつての古代エジプトや古代中国や江戸などは「老い」を好む「好老社会」でした。前代未聞の超高齢社会を迎えるわたしたちに今、もっとも必要なのは「老い」に価値を置く好老社会の思想であることは言うまでもありません。

世界に先駆けて超高齢社会に突入する現代の日本こそ、世界のどこよりも好老社会であることが求められます。日本が嫌老社会で老人を嫌っていたら、何千万人もいる高齢者がそのまま不幸な人々になってしまい、日本はそのまま世界一不幸な国になります。逆に好老社会になれば、世界一幸福な国になれるのです。まさに「天国か地獄か」であり、わたしたちは天国の道、すなわち人間が老いるほど幸福になると考える必要があります。

ウェルビーイングの文化的潮流

ウェルビーイングのルーツを考えたとき、古代ギリシャ哲学、特にアリストテレスの幸福論にまで遡ることもできますが、とりあえずは「ウェルビーイング」という考え方が生まれたのは一九四八年のWHO（世界保健機構）憲章における「健康の定義」においてです。

一九四八年といえば、「世界人権宣言」が第三回国連総会で採択された年です。世界人権宣言は「すべての人民とすべての国が達成すべき基本的人権」についての宣言ですが、これと同年に発表されたウェルビーイングの背景には、明らかに戦争の影響がありました。

宗教社会学者の伊藤雅之氏の著書『現代スピリチュアリティ文化論』（明石書店）によれば、ウェルビーイングは一九六〇年代のアメリカ精神文化と深い関係があります。

一九六〇年代から現在までの約六〇年にわたる現代スピリチュアリティ文化の歴史を見ていくと、（1）対抗文化（カウンターカルチャー）の中での意識変容の試み（一九六〇年代から七〇年代半ば）から、（2）ニューエイジを典型とする私的空間での「自分探し」といった下位文化（サブカルチャー）の確立（一九七〇年代後半から九〇年代半ば）を経て、（3）全体社会の各制度領域において自己のスピリチュアリティを高めようとする主流文化（メインカルチャー）への浸透（一九九〇年代後半以降）に移行してきていると捉えられます。

幅広いアプローチやメッセージを包括的に捉えるためのキーワードとなるのが「ウェルビーイング」です。また、ウェルビーイングとは何よりも「持続的幸福」であり、「心と体のつながり」「自然との調和」「超越的存在とのつながり」「ありのままの自己の変容」によって成り立ち、「心の平安」を志向しています。

ウェルビーイングの文化的潮流は「マインドフルネス（瞑想）」「ヨーガ」「心理セラピー」などですが、最後の心理セラピーは「グリーフケア」とも深く関わっています。

そして、「ありのまま」というウェルビーイングのメッセージを表現した歌に、ビートルズの「Ｌｅｔ　Ｉｔ　Ｂｅ」、ＳＭＡＰの「世界に一つだけの花」、ディズニーアニメ映

Well-Being Song（ウェルビーイング・ソング）

♪「Let It Be」➡♪「IMAGINE」
ザ・ビートルズ　　ジョン・レノン

♪「世界に一つだけの花」
SMAP

♪「Let it Go ～ありのままで～」
『アナと雪の女王』より

画『アナと雪の女王』の主題歌「Let it Go～ありのままで～」などがあります。

イメージが明確になりますが、さらに気がついたことがあります。ビートルズの「LET IT BE」のメッセージをアップデートしたものが、ジョン・レノンの「IMAGINE」ではないでしょうか。両曲のメッセージを聴くと、そう思えてなりません。

ウェルビーイングには「平和」への志向があるのだと思います。実際、ベトナム戦争に反対する対抗文化（カウンターカルチャー）として「ウェルビーイング」は注目されました。現在、ロシア・ウクライナ戦争が行なわれていますが、このような戦争の時代に「ウェルビーイング」は再注目されているのです。

四〇年前からの取り組み

二〇二二年は「ウェルビーイング元年」などと呼ばれました。

それ以来、いろんな場所で「ウェルビーイング」の言葉を聞きます。

じつは「ウェルビーイング」が現在のように注目されるはるか前に、経営理念に取り入れた会社があります。わたしが経営を継承した株式会社サンレーです。

一九八六年の創立二〇周年に「Being ! Well Being」というバッジを社員全員が付け、社内報の誌名も「Well being」でした。なんと三六年も前のことです。当時の社長であった佐久間進会長の先見の明には驚くばかりです。

佐久間会長は「日本心身医学の父」と呼ばれた九州大学名誉教授の池見酉次郎先生（故人）と財団法人 日本心身医学協会を設立し、池見先生は会長、佐久間会長は理事長を務めました。池見先生と二人三脚で日本における心身医学の啓蒙・普及に努めました。

サンレーの社内報と
創立20周年記念バッジ

池見先生は「これからの日本では、うつ病患者が急増する」と危惧し、そのための社会的取り組みが求められると訴えておられました。

そして、そのときのコンセプトが「ウェルビーイング」だったのです。これを当時のサンレー社長であった佐久間進が取り入れました。

四〇年前は、「ウェルビーイング」という言葉を知っている人はほとんどいませんでした。今まさに「ウェルビーイング」が時代のキーワードになっており、わが社の先見性に驚かれた方も多いようです。

池見教授の先見性

佐久間会長がなぜ、ウェルビーイングを会社の方針にすることができたのか。そこには「心療内科」という分野を確立された故池見酉次郎先生の存在を忘れることはできません。

池見先生の「ほんとうに病気をなおそうと思えば、日ごろ心身ともに健康な生活をしないとなおらない。病気をなおすためには、その人の心が健康であり、幸せでないと、ほんとうにはなおらない」という言葉と共に、ウェルビーイングを知ったからです。

当時、会長は冠婚葬祭互助会の経営者として、売上目標など数値で示せる分野については、絶えず前年を上回る数字を示して、社員を激励する日々が続く中、「相手を思いやる心」の大切さに気がついたといいます。そこから池見先生の教えとが結び付き、心の体の健康ということで、社会や会社の中心にウェルビーイングの考え方を中心にしたといいます。その後、佐久間会長は九州国際気功協会を設立し、気功の普及に尽力しました。

「気業宣言」とウェルビーイング

「昭和最後の年」かつ「平成最初の年」となった一九八九年の一月一八日、北九州市八幡西区の松柏園グランドホテルで「気業宣言」が行なわれ、中国、大連から気功の権威である許紹廷氏を招いて「気業宣言セミナー」が開かれました。この日は、各界の名士、約三〇〇社の企業の経営トップも出席。サンレーは内外に向けて「気業」を宣言したのです。

この「気業」という造語は、当時プランナーだったわたしが考えました。

企業とは「気業」です。経営者が元気な会社なら、会社も元気です。社長が陽気で強気なら、陽気で強気な会社になります。その逆に社長が陰気で弱気なら、会社もそうなるのです。特に人数の少ない小規模の企業になればなるほど、トップの気はストレートに反映します。まさに企業とは、経営者の気が社員に乗り移る一個の生命体なのです。

わたしたち人間はハード（身体）とソフト（精神）の両方からできており、目に見える世界と見えない世界で生活しています。「色即是空」「空即是色」という言葉が示すように、見える世界と見えない世界は渾然一体なのです。

「気」は見えない世界のエネルギーであり、ハートフル・ソサエティ、すなわち「心ゆたかな社会」でのビジネスにおいて、重要なキーワードです。

人間と同じく、人間が経営する会社も見える部分（色）と見えない部分（空）の二重構造になっています。『色』とは、資本金、土地、建物、設備、商品、貸借対照表、損益計算書などです。労働力としての人間も色に入るでしょう。

一方、『空』とは、会社のミッションやビジョン、経営者の思想や哲学、経営理念、社員のプロ意識、生きがい、働きがい、社風、企業文化などです。今後の企業は、色と空の両方をバランスよく充実させなければなりません。特に、人々が求心的になっていきます。ハートフル・ソサエティにおいては、企業の「空」の部分が重要視されるでしょう。

心ゆたかな会社、ハートフル・カンパニーの原点は、企業の経営理念、社長の哲学、そして社員の生きがいを確立することです。そして、そこには常に、元気、陽気、強気、勇

気業宣言

私たちホスピタリティサービスにたずさわる者は気を養い、精気をみなぎらせ、笑顔を発し、お客様を喜ばせ、なごませ、楽しませ、快適、満足、安心、幸せをおくることを使命とする。

それは、Well-Beingの実践である。

一、私たちは　ホスピタリティサービスに努めます

一、私たちは　気の充実に努めます

一、私たちは　目標達成に努めます

一、私たちは　プロ意識の徹底に努めます

一、私たちは　企業利益の追求に努めます

（1989年）

気といったプラスの気が流れていなければなりません。ホテル業や冠婚葬祭業など、お客様に元気や勇気を与えるホスピタリティ・サービス業においては、すべての会社が「気業」を目指すべきであると、わたしは考えました。当時のサンレー社長だった佐久間会長がこの「気業」という考えを大変気に入り、サンレーは「気業宣言」を行なったのです。

「気業宣言」のセレモニーの壇上で、佐久間会長は「サービス業の基本は、気づき、気くばり、気ばたらき。それを深める手法として気功を導入した」と述べています。

平成元年の記念すべき年、サンレーはこの年を「気業元年」としました。中国の気功を導入、社内で気功の訓練を行い、また、地域にも気功を広めていきました。気功によって、気力の充実した社員、気力あふれる企業づくりを目指したものです。

その「気業宣言」の内容の最後に、「Ｗｅｌｌ‐Ｂｅｉｎｇの実践」という言葉が登場しました。繰り返しになりますが、改めて佐久間会長の先見性に感服します。

「はあとぴあん宣言」という提案

サンレーがウェルビーイングを取り入れた約四〇年前は、「ウェルビーイング」という言葉を知っている人は日本にほとんどいませんでした。

わたしの処女作『ハートフルに遊ぶ』（東急エージェンシー）は一九八八年に刊行されましたが、その最終章「ライフスタイル」には、「はあとぴあん宣言」という文章が掲載されています。わたしは、一九八六年の冬に日本儀礼文化協会発行の「はあとぴあ」の編集長を引き受けることになりました。当時のわたしは、大学三年生でした。それまでの「はあとぴあ」は、礼法をはじめとして、茶道、華道、装道などの芸道や、武道や、歌舞伎などの古典芸能といった日本伝統文化を中心にした誌面づくりでした。わたしは、これらの伝統に加えて、いつもオシャレでハッピーな雑誌にしたいと考え、編集方針を一新することにしました。そこで打ち出したのが、「はあとぴあん」というライフスタイルでした。

Column

父子で取り組んできたウェルビーイング

京都大学名誉教授　鎌田東二

私は國學院大學文学部で日本民俗学を学んだ株式会社サンレー佐久間進会長の後輩である。國學院大學は「国学」あるいは「古学・古道学」を基盤にした日本の古典と日本文化を研究し教育するために明治一五年（一八八二）に設立された（最初の校名は皇典講究所）。その「国学」は、一言で言うと、日本文化の精髄に何があるか、そしてそれがどのような価値を持ち、日本人の生き方や文化として表出されてきたかと問いかけ、それを今に生きようとする「学道」である。それは言わば、「日本人の、日本人による、日本人のための学道と幸福」の実現という意味でまさに「日本的ウェルビーイング」の探究と実践であった。また同時に、代表的国学者の本居宣長の提唱した「もののあはれを知る」は、まさしく「日本型コンパッション」のありようを示すものであった。

佐久間進会長はその国学的求道心を持ち続け、独自のSAKUMAウェルビーイング&コンパッションである「八美道」を提唱し、みずからたゆまず実践されてき

サンレー創立50周年記念式典後の
佐久間父子

た。株式会社サンレーにはその精神が隅々まで行きわたっている。

その佐久間会長の精神性を受け継ぎ、さらなる進化をクリエイトしたのが佐久間庸和サンレー社長である。わたしはこの親子を「日本最強の父子」と思っている。ここまで父の価値観を深く理解し共感し受け継ぎ、そして勇猛果敢に進化発展させた息子をわたしは知らない。

その佐久間庸和氏と、一九九〇年秋に『魂をデザインする〜葬儀とは何か』（国書刊行会）の一章のための対談を渋谷の國學院大學の施設でしたことが最初の出会いであった。以来三五年近く「義兄弟の契り」を交す仲となり、家族も同然である。その意味では佐久間進はわが父であり、佐久間庸和はわが弟であるが、この「日本最強の父子」の間に割って入るのは困難なので、私の役目はもっぱら触媒であり接着剤である。この父子の「天下布礼」の「礼楽之道」の実践を私なりの「霊学と霊楽」の実践で少しでも補強支援したいと思っている。二〇二三年五月一〇日に還暦を迎えた義弟を、この七二歳の愚兄は「ガン遊詩人」（ステージⅣのがんを持つ吟遊詩人）として応援しつづけたいと決意している。

超少子高齢化の現代の日本社会では、量ではなく質の文明と文化をどう生み出すかが問われている。そのために必要なキーワードが「ウェルビーイング」と「コンパッション」であることを著者は訴えている。このウェルビーイング↔コンパッション（WC）道を私も同行同道したい。

はあとぴあんはウェルビーイング

当時、アメリカのエグゼクティヴに〝ヤッピー〟というライフスタイルがブームとなっていました。わたしも「はあとぴあ」の理想をわかりやすくするライフスタイルを提案しようと思い、あれこれ頭をひねったものです。わたしは、〝ヤッピー〟のクールで斜にかまえたところがしっくりこなかったこともあって、ウェットでストレートな〝はあとぴあん〟というライフスタイルをイメージしました。

その新時代のライフスタイルを八つに分けて発表したのが「はあとぴあん宣言」です。八つの中の最初が「はあとぴあんは、ウェルビーイングである」で、こう書かれています。

「ハイタッチ社会のキーワードとなるウェルビーイング（ｗｅｌｌ-ｂｅｉｎｇ）は、幸福な存在、相手を幸福にする存在の意である。ウェルビーイングは、ＷＨＯ（世界保健機構）憲章における、健康の定義に由来した思想である。その定義とは、『健康とは、たんに病気や虚弱でないというだけでなく、身体的にも精神的にも社会的にも良好な状態』というものだが、従来、身体的健康のみが一人歩きしてきた。ところが、文明が急速に進み、社会が複雑化するにつれて、現代人は、ストレスという大問題を抱え込んだ。ストレスは精神のみならず、身体にも害を与え、社会的健康をも阻む。そこで、全く新しい心身医学という学問が、日本心身医学協会会長の池見酉次郎博士によって、提唱された。心身医学は、真の健康をめざす21世紀の医学であり、その真の健康を得た状態が、ウェルビーイングである。健康は幸福と深く関わっており、人間は健康を得ることによって、幸福になれる。ウェルビーイングは、自らが幸福であり、かつ、他人を幸福にするという人間の思想を唱ったものだ。ウェルビーイングは、新しい科学であり、新しい哲学であり、新しい宗教である。ウェルビーイング、それは、すなわち、はあとぴあんである」

当時、二二歳だったわたしは、二一世紀の人間は、身体的健康、精神的健康、社会的健康を総合的に求めるべきであると訴えたのです。

八正道から八美道へ

父である佐久間進会長のウェルビーイング活動の思想的なバックボーンになっているのが、「八美道」です。これはブッダの言葉である「八正道」から発想した父の言葉です。

ブッダは人間の生き方として「八つの正しい道」を示されました。でも、「正しさ」はわかりませんが、「美しさ」ならば、経営者として、業界のリーダーとして判断できるし、追い求めることができると父は考え、発想したそうです。

そんな思いから、佐久間会長は「美」を追い求め、その基準に「八つの美」を置いたとのことです。

わたしは、「八美道」はまさにウェルビーイングの実践思想だと感じています。

八美道の中から、ウェルビーイングを象徴する四つの言葉（健康・長寿・長生き・笑い）を紹介しましょう。

◇健康八美道

一　正眠：よく眠る
二　正息：深呼吸をする　吐く息長く・吸うは短く
三　正食：よく噛んで食べる
四　正便：排便を正しく
五　正動：よく体を動かす
六　正休：適度に休養
七　正姿：姿勢を正す
八　正交：良い付き合い　正しい性交

これに加えて感謝の気持ちを添えることを佐久間会長は推奨されています。

◇長寿八美道

一　心：ゆとりある生活
二　動く：歩く・散歩する
三　食事：よく噛んでゆっくりと
四　眠る：睡眠8〜10時間（たっぷりと）
五　笑う：明るく楽しく朗らかに
六　環境：良い水・緑・良い空気・良い日光
七　調和の心：調身・調息・調心
（とらわれない・こだわらない・たよらない）
八　祈り、感謝の生活

◇長生き八美道

一　くよくよしない
二　じたばたしない
三　びくびくしない
四　いらいらしない
五　うろうろしない
六　もたもたしない
七　めそめそしない
八　こびない・甘えない・あるがまま

◇笑い八美道

一　笑いが一番
二　笑う人間に病なし
三　笑う者にはガン患者なし
四　笑う者にはボケはなし
五　笑う者にはストレスなし
六　笑いはゆとり、心に調和
七　笑う数だけ、福来る
八　笑いは和来だ

第2章

進化するウェルビーイング

心の平安を求めて

ウェルビーイングの文化的潮流は「瞑想（マインドフルネス）」「ヨーガ」「心理セラピー」などです。最後の心理セラピーは「グリーフケア」とも深く関わっています。

いずれにせよ、これらは「心の平安」というものを求める営みであり、スピリチュアリティ文化と呼べるでしょう。

スピリチュアリティ文化の潮流とも密接に関連するものとして、自己実現や創造性の開発を重視する心理学の発達が挙げられます。アブラハム・マズローやカール・ロジャーズらは、一般の人たちを対象にした人間性心理学を発達させました。

また人間性心理学を応用する形で、ヒューマン・ポテンシャル・ムーブメント（人間性回復運動）が展開されました。一九六二年にはこの運動の最大規模の拠点となる「エサレン研究所」が、カリフォルニアに誕生しました。

伊藤雅之氏は、『現代スピリチュアリティ文化論』（明石書店）において次のように述べています。

「この研究所では、エンカウンターグルやボディワークといった心理セラピーや身体技法とともに、瞑想やヨーガも自己変容のための技法として教えられるようになっていく。エサレン研究所がスタートしたのと同じ一九六二年には、サンフランシスコ禅センターもオープンしている。インドの瞑想やヨーガだけでなく、日本や韓国の仏教も欧米に伝わるが、その当初から心理学との相性はよかったと思われる」

わたしは、日本における心身医学の創始者であった池見酉次郎氏やその後継者の池見陽氏からエサレン研究所のことを教わり、拙著『リゾートの思想』（河出書房新社）の中で詳しく紹介しました。

また、わたしは、ハートピア計画というリゾート・プランニングの会社を経営していましたが、その目的の一つは、日本にエサレン研究所のような精神文化センターを作ることでした。

伊藤氏によれば、欧米人が東洋思想や新しい心理学に魅力を感じた背景には、科学的テクノロジーを重視し自然との共存を軽視した西洋物質文明への批判や、人間の心とからだを分離したものとして捉える心身二元論への懐疑があったといいます。

カウンターカルチャーの中で支持を得た禅や瞑想は、うつ病の再発予防や一般の人たちの持続的幸福のために実践される西洋式のマインドフルネスにつながっていくことを指摘し、伊藤氏は次のように述べています。

「マハリシやサッチダーナンダらのヨーガは、九〇年代以降のスピリチュアリティを重視するヨーガ・ブームの土壌となる。そして、マズローらによる人間性心理学は二一世紀に入ってから急激な発展をして今日に至るポジティブ心理学の源流になっている。さらに、ラジニーシやクリシュナムルティ、ラム・ダスらの思想と活動は、のちのネオ・アドヴァイタ・ムーブメントが発達する基盤となっていく。このように、一九七〇年代中頃までには、二一世紀になってから急速に広がる主要なタイプのスピリチュアリティ文化の基盤が確立したのである」

ウェルビーイングの文化的潮流

①マインドフルネス（瞑想）

②ヨーガ

③心理セラピー ⇒ グリーフケア

かつて、瞑想は個人のライフスタイルとして脚光を浴びましたが、今は企業が取り入れています。その証拠にＧＡＦＡ（グーグル、アップル、フェイスブック〔現・メタ〕、アマゾン）として知られる米大手ＩＴ企業をはじめ、ヤフー、ゴールドマンサックスなどの一流企業が軒並みマインドフルネスを取り入れています。

社員のメンタルヘルス対策として、モチベーション、集中力、創造性、記憶力、生産性などの向上や改善のために、人材フォローの一環として行なわれています。

Column

マインドフルネス・センター構想

マインドフルネス、すなわち瞑想の本場をご存知ですか。

それは、ミャンマーです。わが社は、日本で唯一のミャンマー式仏教寺院「世界平和パゴダ」を支援し続けています。

北九州市門司区の和布刈公園山頂にそびえ立つ「世界平和パゴダ」は、日本とミャンマー（旧ビルマ）の親善と仏教交流、世界平和の祈念及び第二世界大戦時に門司港より出兵した戦没者の慰霊を目的として、一九五八（昭和三三）年、国内唯一の本格的ミャンマー式寺院として建立されました。二〇一一（平成二三）年一二月から、僧侶の不在や運営資金難を理由に一時休館していましたが、二〇一二年八月、ミャンマー仏教会から新たに二人の僧侶を迎え、再開を果たしました。

この世界平和パゴダを「マインドフルネス・センター」として位置づけ、日本の各企業から社員を受け入れて研修を行えば、大きな話題を呼ぶかもしれません。

世界平和パゴダを
マインドフルネス・センターに‼

- マインドフルネス（瞑想）
  ミャンマー仏教が本場
- グーグルなどＧＡＦＡも
  マインドフルネスを活用

心の平安

↓

GM

（Griefcare&Mindfulness）

マインドフルネスの基本

脳と心について考えたとき、マインドフルネスは非常に重要です。

マインドフルネスとは「今、この瞬間を大切にする生き方」のことで、瞑想およびその他の訓練を通じて発達させることができます。東洋では瞑想の実践として三〇〇〇年の伝統があり、それは仏教的な瞑想に由来しています。

現在、「マインドフルネス」として表現される言説・活動・潮流には、上座部仏教の用語の訳語としての「マインドフルネス」があります。この仏教本来のマインドフルネスでは、達成すべき特定の目標を持たずに実践されますが、現在におけるマインドフルネスの実践方法であるマインドフルネス瞑想は、医療や福祉の現場でも取り入れられています。

アメリカの神経学者で、著名な瞑想の指導者であるリック・ハンソンと、アメリカの神経科医であるリチャード・メンディウスの二人には『ブッダの脳』という共著がありますが、その「まえがき」で、ロサンゼルスにあるマインドサイト研究所の医学博士であるダニエル・J・シーゲルは、「最近の科学の革命的進歩は、成人の脳が生涯変わりつづけることを明らかにした。かつて多くの脳科学者たちは、心が脳の活動に還元できるとしていたが、現在では、心と脳との相関性に注目が集まっている。つまり心と脳との関係は、一方が他方の活動に還元できるようなものではなく、相互につながり影響し合っているということだ」（菅靖彦訳）と述べています。

マインドフルネスは、医療行為としても注目されています。

マサチューセッツ大学マインドフルネス・センターの創設所長で、ケンブリッジ禅センター創設メンバーであるジョン・カバット・ジンが、一九七九年に心理学の注意の焦点化理論と組み合わせ、臨床的な技法として体系化しました。仏教の指導者に修行法と教理を学んだジンは、それを西洋科学と統合させたのです。彼は、人々がストレス、悩み事、痛み、病気に対応する手助けとして、マインドフルネス瞑想を教えました。現在、心のケアとしてマインドフルネスは注目されています。

ヨーガとの相性

マインドフルネス（瞑想）とヨーガを組み合わせることで、より高い効果を発揮できます。なぜならマインドフルネスは、瞑想と呼吸を意識することがセットになっているからで、これはヨーガと共通しています。

インドで古くからヨーガ修行としての瞑想実践が仏教に影響を与え、のちにヨーガも仏教の教義を取り入れました。このように、ヨーガと仏教はお互いに関わり合いながら発展してきました。したがってヨーガは、言葉のルーツ・瞑想実践のルーツとしても、マインドフルネスに関連があります。最近では、ヨーガスタジオのレッスン名として「マインドフルネス・ヨーガ」などが見受けられます。

このように、ヨーガの側が、伝わりやすい言葉として「マインドフルネス」を採用していく動きもみられています。

マインドフルネスの瞑想で今を見つめて心を幸福にすることとは、ヨーガのひとつの過程でもあります。ヨーガのポーズを取りながら、マインドフルネスの方法で呼吸に意識を向けます。自然な呼吸に気づき、次第に伸びている筋肉など体の状態に気がつくでしょう。ヨーガのポーズを正しく行ないながら、マインドフルネスも実践できます。

わが社では気功に取り組んできました。社員の健康を心身ともに支える取り組みです。気功もまたヨーガと同じように呼吸法が重視されてます。マインドフルネスの体現になると思います。また、わが社が運営する高齢者向けの「グランドカルチャー・センター」では、各種ヨーガの講座を開設しています。

マインドフルネスにおいては「ありのまま」というワードが大切となります。

瞑想の中で浮かんでくる思想や雑念に意識を向け、瞬間的に展開する思想や雑念を素直に受け入れて瞑想を続けることで、自分が無意識のうちに評価していることに気付き、物事をありのままに受け入れ適切な対応が可能となってくるというものです。最も大切なのは「ありのまま」の心の動きを感じることです。

グリーフケアの必要性

ウェルビーイングの文化的潮流は「瞑想（マインドフルネス）」「ヨーガ」「心理セラピー」などです。最後の心理セラピーは「グリーフケア」とも深く関わっています。「深い悲しみ」のことを欧米では「グリーフ」と表現します。欧米の葬儀社では、葬儀を執り行なうだけでなく、精神的にご遺族に寄り添う「グリーフケア」が業務の中心となっています。

日本は今、超高齢社会を迎え、多くの人が死を身近に感じています。一方で近年、ご自宅で亡くなる方よりも病院で亡くなる方のほうが多くなっており、近親者の死と向き合う機会が減っています。信仰から遠のく人が増え、地域社会が希薄化する中で「深い悲しみ」を抱いた人を支援する機会も減っています。

これまでの社会の中では様々な縁がありました。血縁や地縁ということがよく言われますが社会の中で生活する上ではそれ以外にもたくさんの繋がりがありました。

また、地域社会には人が集まる場所として寺院などがありました。人と人との繋がりや交流の中でグリーフケアが行なわれ、死別という事象については葬儀という儀式を行うことによるケアもあったと考えています。

しかしながら、現代は「無縁社会」という言葉が生まれるような時代となってきています。そして葬儀を行なわないという選択肢を選ぶ方も増えてきています。そのためこれまであったケアの仕組みが効果を発揮することが出来にくいような現状となっています。

わたしは欧米の葬儀社を視察してグリーフケアの重要性を痛感し、わが社では二〇一〇年から本格的に取り組んできました。「月あかりの会」という遺族会と「うさぎの会」という自助グループも組織し、活動を行なってきました。

二〇一八年には、上智大学グリーフケア研究所の客員教授に就任。一般社団法人全日本冠婚葬祭互助協会のグリーフケア・プロジェクトチームの座長として、資格認定制度も創設しました。

現在、わが社では日本で最も多くのグリーフケア士が活躍しています。

ウェルビーイング・マネジメント

経営の中にもウェルビーイングの考え方が入っています。

大企業の権威、立地、所属意識といったものがなくなりつつある今、「優秀な社員」をつなぎ止めるために組織が何を行なうべきかが大きなテーマになっています。

もはや会社というものは、ブランド名では推し量れなくなり、所属意識も大きく低下しています。会社や仕事そのものが大きく意味を変え、個人ごとに多様な選択肢と捉え方が生まれているからこそ、組織が社員に対して「幸せな経験」をプロデュースしていくことが、社員を繋ぎとめ、動機づけるのに必要となります。

オフィスのあり方、マネジメントのあり方、教育のあり方など、ウェルビーイングを実現するために最大のポイントとなる「社員の幸福度」が重要です。

そうした実現のために以下の四つの要素が必要と指摘するのが、『ウェルビーイング・

マネジメント』加藤守和著（日本経済新聞出版）です。
同書では、【新時代の組織・個人にとって重要な4つの指標】として、

①「仕事：没入感のある価値を感じられる仕事」
②「人：敬意を持ち、学びや刺激を得られる上司・同僚」
③「共同体：共感する方向性があり、仲間意識や所属実感を持てるつながり」
④「生活：家庭・趣味・リラックスした居場所など、人生を充足している実感」

が指摘されています。
まさに、マネジメントにはウェルビーイングが求められるのです。

ウェルビーイングのものさし？

ウェルビーイングを具体的に高めるものさしとして、SPIRE（スパイア）というモデルがあります。アメリカの心理学者マーティン・セリグマン博士が提唱したものです。

【SPIREモデル】

1. Spiritual Well-Being／精神のウェルビーイング
自分の人生の目的や意義が何か。どんな価値観のもとに行動するのか。今ここを感じているマインドフルな感覚などを分かっているか。もしくは感じている状態かどうか。

2. Physical Well-Being／身体のウェルビーイング
生活に習慣として運動を取り入れているか。栄養のバランスを考えた食生活がおくれているか。十分な休息が取れているか。身体的に良い状態が保てているか。

3. Intellectual Well-Being／知性のウェルビーイング

新しいことを学び、知的好奇心を日々満たしているか。何かしらの挑戦に取り組んでいるか。

4. Relational Well-Being／人間関係のウェルビーイング

人間関係が良い状態かどうか。互いに大切に思い合えるような関係でいられているか。周囲との関係が自分自身と健全につながっている状態か。

5. Emotional Well-Being／感情のウェルビーイング

心地よい感情が自分の中を流れているか。心地よくない感情に対しても、レジリエンスを発揮して、穏やかな感情を維持できているか。

これら五つの項目の頭文字をとったものが「SPIREモデル」です。

これらの中で最も重要なのはどれでしょうか。

わたしは「Relational Well-Being／人間関係のウェルビーイング」だと思います。

わたしはこれを「縁」という言葉で提案しています。

サンレーグランドホールの挑戦

サンレーのウェルビーイング思想は、一九八六年に北九州市八幡西区にオープンした「松柏園グランドホテル」で具現化されました。プールやトレーニング・ジムをはじめ最新の設備を備えたスポーツクラブや、宗教美術のミュージアム、カルチャーセンターも備えた同ホテルはまさに〝ウェルビーイングの殿堂〟でした。現在は、「サンレーグランドホール」として生まれ変わりましたが、グランドカルチャー・センターなどはそのまま継続。

同ホールには日本最大級の葬祭施設である「北九州紫雲閣」も併設され、前代未聞の高齢者複合施設として知られています。数年前に、経産省が新時代のシルバービジネスとして調査・研究したのがサンレーグランドホールと石川県の総合共生施設「シェア金沢」の両施設でした。サンレーグランドホールには約三〇〇〇坪の遊休地もあり、いずれはシェア金沢のような施設が併設されれば素晴らしいと思います。

サンレーグランドホール

グランドカルチャー…高齢者にふさわしい文化
老熟や老成が物を言う文化

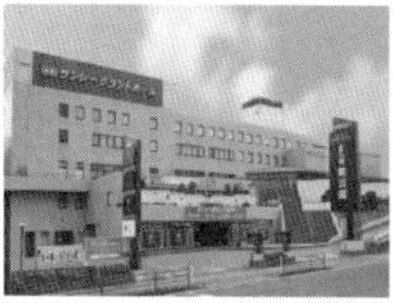

2004年2月
「高齢者複合施設」へ変換
↓
ホテルと葬祭会館が一体となった前例のない新しい価値をもった施設

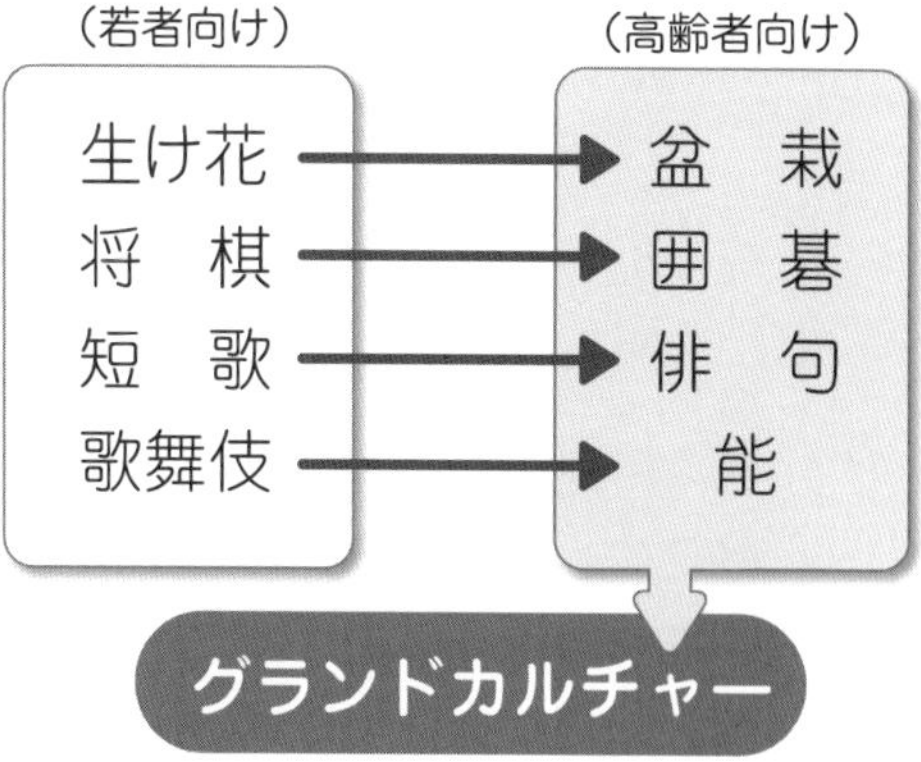

グランドカルチャー・センター

気功・ヨガ・社交ダンス・囲碁・将棋・書道・茶道・英会話 etc

他にもよろず相談所・健康・相続・税金・法律・旅行・趣味・葬儀・法事法要・墓地・仏壇・年金・遺言相談や各種イベントスペースなど etc

グランドカルチャーの提唱と推進

人は老いるほど豊かになります。

そして、高齢者が何より豊かにもっているのが時間です。時間にはいろいろな使い方があるでしょうが、「楽しみ」の量と質において、文化に勝るものはありません。さまざまな文化にふれ、創作したり感動したりすれば、右脳がフルに使われて「グランドライフ」が輝いてきます。それを具現化したものが「グランドカルチャー」です。

文化には訓練だけでなく、人生経験が必要とされます。

日本人の文化生活の向上を経験豊かな高齢者に求めるのは間違いでしょうか。

若者はいつも流行や輸入文化に安易にとびつくものです。彼らが自分たちの身に付いた文化を創造するためにも、また創造された文化を育てていくためにも、高齢者の存在はとてつもなく大きいのです。高齢者が高い壁として立ちはだかり、若者にそれを越えること

ウェルビーイングの文化的潮流

を求めてはじめて、文化は向上され、その国の人々の心は豊かになります。

そして文化には、高齢者にふさわしい文化というものがあります。

永年の経験を積んでものごとに熟達していることを「老熟」といい、永年の経験を積んで大成することを「老成」といいます。

わたしは「大いなる老いの」という意味で「グランド」と名づけています。この「老熟」や「老成」が何よりも物を言う文化を「グランドカルチャー」と名づけました。

縁づくりとしての空間

わが社の目的の一つが「有縁社会の再生」です。

そのためには湯縁・碁縁・句縁・球縁・旅縁・読縁・映縁・歌縁・笑縁・酒縁といったさまざまな趣味の縁の構築が求められます。現代の日本社会は「無縁社会」などと呼ばれますが、残念ながら血縁や地縁が希薄化していることは事実です。ならば、それに代わるもろもろの縁を育てていかなければなりません。

「無縁社会」などと呼ばれ、血縁と地縁の希薄化が目立つ昨今です。人間は一人では生きていけません。「無縁社会」を超えて「有縁社会」を再生させるためには、血縁や地縁以外のさまざまな縁を見つけ、育てていく必要があります。そこで注目されるのが趣味に基づく「好縁」です。そうした活動の拠点になっているのが、サンレーグランドホールをはじめとしたサンレーグループの各施設です。それぞれの縁づくりを紹介しましょう。

趣味 ⇒ 好縁 ⇒ 有縁社会
有縁社会の再生
湯縁
読縁
碁縁
映縁
句縁
歌縁
球縁
笑縁
旅縁
酒縁

湯縁

趣味に基づく「好縁」には、同じ湯に入るという「湯縁」があります。

温泉でも銭湯でも、まさに裸の付き合いが縁を作ります。風呂は文化です。日本の風呂の歴史は、五三八年の仏教伝来とともにスタートしたといわれています。

わが社は、共に入浴する「湯縁」によって有縁社会を再生したいと考えています。産湯《うぶゆ》に始まり、湯灌《ゆかん》に終わる……このように、人間の一生は「湯」とともにあります。

また、究極の人間関係としての「一期一会」を実現するものとして「茶の湯」という文化があります。二〇二一年九月、福岡県田川郡福智町にある「ふるさと交流館　日王の湯」をわが社が運営することになりました。この施設をベースに、無縁社会を乗り越えて、共に入浴する「湯縁」によって有縁社会を再生したいと考えています。

碁縁

「好縁」の中には、碁を打ち合う「碁縁」があります。御縁としての碁縁です。

かつて碁会所という場所がありました。縁側に碁盤を並べて、腕に覚えのある囲碁愛好家が老若を問わず対戦する。そこには当然、碁仲間という縁が生まれます。

囲碁は宇宙の遊びです。囲碁ほどコスモロジカルでシンボリックなゲームはありません。将棋が人間界の戦争を模しているのなら、囲碁は宇宙の創世を再現しているのです。碁盤は宇宙の模型であると言えるでしょう。

わが社は、「サンレー杯　北九州囲碁祭り団体戦」を主催しています。これまで北九州の囲碁イベントはゼンリンやTOTOといった企業が冠イベントを開催してきた歴史がありますが、紆余曲折を経て、わがサンレーが囲碁大会の顔になることができました。北九州に限らず、全国から囲碁の達人が集まって、腕を競い、縁を作っています。

句縁

「好縁」の中には、俳句を詠む「句縁」があります。

わが社は、「サンレー俳句コンクール」という俳句のコンクールを主催しています。全国から多くの応募があり、わたしも審査員の一人です。俳句は、グランドカルチャーを代表する文化です。もともと日本には、俳句サークルとしての句会というものが各地にありました。まさに「句縁」を結ぶネットワークです。

句会という集まりがあります。兼題と言われる季語を題材にみんなで俳句をつくり、その巧拙を話題にする。日本文化の知的な遊びです。俳句とは最も軽やかで自由な遊びです。究極のローリスク・ハイリターンであり、これに勝てるのはもはや瞑想ぐらいでしょう。

俳句に季語があるように、人生にも春夏秋冬のさまざまな想い出のステージがあります。俳句はそれらに潤いを与えてくれます。また、辞世の句を詠むことは死の不安を乗り越える死生観を育てます。

読縁

「好縁」の中には、同じ本を読む「読縁」があります。

読書会というものがあります。集団で読書、または読書に関するコミュニケーションを行なうためのイベント、またはイベントを開催するグループです。

読書会は、読書の縁としての「読縁」を形成しています。

わが社が支援する遺族の自助グループ「うさぎの会」でも、グリーフケアの読書会を行なっています。

グリーフケアの目的には「死別の悲嘆に寄り添う」こととともに「死の不安を乗り越える」ことがあるとされていますが、わたしは死生観の涵養が何よりも重要であると考えています。そのために必要なのが読書にほかなりません。

「うさぎの会」では、小説やエッセイをはじめ、絵本なども積極的に選んでメンバーの死生観を育てています。

映縁

同じ映画を観た者同士には心の交流が生まれます。監督や俳優、音楽など、お互いの趣味が合えば話は盛り上がります。「縁は冠婚葬祭業のインフラである」というのはわたしの口癖ですが、じつは映画と冠婚葬祭には密接な関係があると考えています。村上春樹氏は「映画鑑賞は祝祭的儀式である」との発言をされています。儀式というものは古代の洞窟で誕生したと言われています。ネアンデルタール人の埋葬も洞窟の中でした。

映画館とは人工洞窟であるというのが、わたしの考えです。初対面の人でも映画好きと聞いて映画の話に花が咲き仲良くなったり、友人や家族と観に行って死生観を共有したり。何十年も前に観た映画のたった一言のセリフが今でも心に刻まれていたり。それがまた人と繋がるきっかけになったり。何よりも、映画が昔も今も男女のデートの王道であることが「映縁」が存在することの最高の証明です。

わが社では、セレモニーホールで「友引映画館」という映画鑑賞会を定期開催しています。

歌縁

お互いに歌を歌い合ったり、同じ歌を合唱する「歌縁」もあります。カラオケというのは、世界に冠たる日本文化です。わが社は、シルバー・カラオケ大会を主催してきました。また、「隣人祭り」を開催してきました。コロナ前には北九州市だけで年間七〇〇回も開催していましたが、毎年六月には、フランス・イギリス・ドイツ・イタリアをはじめとした世界各国で同時に「隣人祭り」が開催されます。日本会場は北九州市八幡西区折尾のサンレーグランドホールですが、そこでは「隣人大歌声喫茶」が人気でした。歌の講師のリードで、なつかしいメロディーをみんなで歌うのです。

歌は、国境を超え、宗教を超えて、人々の魂、身体に直接働きかける力をもっています。歌は人の心を切り替え、世界のありようの感受のしかたを切り替え、人間の関係性をも切り替えることができるのです。

笑縁

ともに笑い合う「笑縁」というのもあります。わが社は「落語の会」や「笑いの会」の開催を通して、笑いによる縁としての「笑縁」づくりに励んでいます。

冠婚葬祭互助会であるわが社は、死別の悲嘆に寄り添う「グリーフケア」にも積極的に取り組んでいますが、そこでも笑顔やユーモアというものを大切にして、愛する人を亡くされた遺族の方々を対象とした「笑いの会」を開催しているのです。

笑い合うことで人は心を開いてくれます。笑顔は世界共通のコミュニケーションの「かたち」です。

わが社の経営理念の一つに「SMILE TO MANKIND（すべての人に笑顔を）」があります。「すべての人に笑顔を」は、「人間尊重」そのものです。笑顔のない組織に潤いはなく、殺伐とした非人間的な集団にすぎません。

会社にも社会にも笑顔が必要です。そう、笑う門には福来る！

酒縁

美味しい食事とお酒は、人との円滑なコミュニケーションに役立ちます。酒を酌み交わせば、もう旧知の仲。そんな縁をつくってみるのはどうでしょうか。ワイン好き、ビール好き——きっと話題はつきないことでしょう。また、冠婚葬祭の中にもお酒はよく出てきます。神前式における御神酒や、披露宴における乾杯、法事などでは故人を偲び献杯することもあります。さまざまなシーンで出てくる「お酒」ですが、いずれも人と人、故人と遺族など、縁をむすぶ、あるいは絆を深めるときに飲まれていることが分かります。

わたしが尊敬する孔子は『論語』において、「唯酒無量、不及乱」と説いています。「酒を飲む量には決まりはないが、酔っ払って乱れるまでは飲むな」という意味ですが、まさにその通りだと思います。「お酒」というツールと適切に付き合い、「酒縁」を広げて、有縁社会が広がっていけば何よりです。

茶縁

茶室で客人を「もてなす」茶道という文化があります。「礼」を重んじるわが社では、小倉ゆかりの小笠原家茶道古流を多くの社員が学び、お客様をもてなしています。

茶で「もてなす」とは何か。それは、最高の美味しい茶を提供し、最高の礼儀をつくして相手を尊重し、心から最高の敬意を表することに尽きます。そして、そこには「一期一会」という究極の人間関係が浮かび上がってきます。人との出会いを一生に一度のものと思い、相手に対して最善を尽くしながら茶を点てることを「一期一会」と最初に呼んだのは、利休の弟子である山上宗二です。

「一期一会」は、利休が生み出した「和敬清寂」の精神とともに、日本が世界に誇るべきハートフル・フィロソフィーです。

一方で、茶の間で家族や気のおけない仲間と「つながる」茶というものもあります。茶の間でお茶を飲みながら、語り合うのです。そこには、つながり合う空間が生まれます。

球縁

「好縁」の中には、一緒に球技を楽しむ「球縁」があります。

まず思い浮かぶのは、ゴルフですね。ゴルフをやるということは仲間を作るということです。基本、ゴルフは四人一組で行うものだからです。年齢を重ねてもできるスポーツなので、その付き合いは長く、その縁は深くなります。お葬式にゴルフ仲間が参列し、弔辞で「そのうち、わたしもそちらに行きます。あの世で、また一緒にゴルフやりましょう」などと言う人も珍しくありません。

ゴルフの他にも、野球をはじめ、バレーボールや、バスケットボール、ドッジボール、ゲートボールなど、一つのボールを使ってチームプレイを行なう球技では、人間関係が磨かれます。わが社は、高齢者向けのグラウンド・ゴルフ大会を各地で開催しています。

もちろんスポーツ観戦も球縁です。サッカーのワールドカップ、野球のＷＢＣなどを一緒に応援するのも楽しいですね。

旅縁

「好縁」の中には、一緒に旅をする「旅縁」があります。

旅行というものは、本当に楽しいものです。そして、人間関係を良くするためにも役に立ちます。

たとえば、学生時代の卒業旅行、恋人とのランデブー、ハネムーンに家族旅行、会社の仲間で行く社員旅行、業界の仲間と行く海外視察旅行など。旅行で非日常の時間を共有することで、人の心の結びつきはさらに強固になります。

寝食を共にするということは、さまざまな縁を派生させます。

観光地でティータイムを共に過ごす「茶縁」、気の合った仲間と一緒にゴルフを楽しむ「球縁」、同じ湯に浸かって語り合う「湯縁」、土地の名物を肴に共に酒を酌み交わす「酒縁」、カラオケに興じる「歌縁」……そう、「旅縁」とは、その中には多くの縁が入っているという最大級の「好縁」なのです。

悲縁

「悲縁」という言葉は、グリーフケアの活動から発想したものです。

わが社は、グリーフケアのサポート活動に取り組んできました。葬儀という儀式に関わる取組みとして、「ムーンギャラリー」という施設を作り、同時に「月あかりの会」というわが社でご葬儀を行なわれた遺族の方々を中心とした遺族の会を立ち上げました。

また、自助グループ「うさぎの会」では、愛する人を亡くすという同じ体験をした遺族同士の交流の中で少しでも自分の「想い」や「感じていること」を話すことが出来る場を提供させていただいています。

ひとりひとり喪失の悲嘆に対しての感じ方は異なりますが、同じ体験をしたという共通点を持ち、お互いに尊重し合い、気づかい合う関係性となっています。

また、交流を行なう場の提供により「愛する人を喪失した対処から、愛する人のいない生活への適応」のサポートにもなっていると感じています。

「隣人祭り」という活動

わが社の有縁社会再生プロジェクトは、「隣人祭り」に極まります。

「無縁社会」などと呼ばれるようになるまで、日本人の人間関係は希薄化しました。その原因のひとつには個人化の行き過ぎがあり、また「プライバシー」というものを過剰に重視したことがあります。そのため、善なる心を持った親切な人の行為を「お節介」のひと言で切り捨て、一種の迷惑行為扱いしてきたのです。しかし、「お節介」を排除した結果、日本の社会は良くなるどころか、どんどん悪くなりました。

拙著『隣人の時代〜有縁社会のつくり方』（三五館）で、わたしは、高齢者の孤独死や児童の虐待死といった悲惨な出来事を防ぐには、挨拶とともに、日本社会に「お節介」という行為を復活させる必要があると訴えました。

また、同書では「隣人祭り」というものを提唱し、大きな反響を得ました。

「隣人祭り」とは、地域の隣人たちが食べ物や飲み物を持ち寄って集い、食事をしながら語り合うことです。都会に暮らす隣人たちが年に数回、顔を合わせて、同じ時間を過ごします。誰もが気軽に開催し参加できる活動です。「隣人祭り」は、二〇世紀末にパリで生まれましたが、二〇〇三年にはヨーロッパ全域に広がり、二〇〇八年には日本にも上陸しました。同年一〇月、北九州市で開かれた九州初の「隣人祭り」をわが社はサポートさせていただきました。日本で最も高齢化が進行し、孤独死も増えている北九州市での「隣人祭り」開催とあって、マスコミの取材もたくさん受け、大きな話題となりました。

冠婚葬祭互助会であり、高齢者の会員様が多いわが社はNPO法人と連動しながら、「隣人祭り」を中心とした隣人交流イベントのお手伝いを各地で行なってきました。コロナ禍前の二〇一九年（令和元年）まで、毎年七〇〇回以上の開催をサポートしましたが、最も多い開催地は北九州市でした。ウェルビーイングが社会的健康に関わっているなら、『隣人祭り』こそはまさにウェルビーイング・フェスティバルではないでしょうか。

グリーフケア・サポートの実践

冠婚葬祭を業とするわが社が葬儀という葬送の儀式のお手伝いをする中で、わたし自身も愛する人を亡くした方々を多く見てきました。そんなわたしが、二〇世紀が終わる頃に「グリーフケア」という言葉を知りました。そのとき、悲嘆の中にいるご遺族を前にして、何か心のケアをできないだろうかと思ったのです。

わたしたちの人生とは、喪失の連続です。それによって、多くの悲嘆が生まれています。東日本大震災の被災者の人々は、多くのものを喪失した、いわば多重喪失者でした。家を失い、さまざまな財産を失い、仕事を失い、家族や友人を失ってしまったのです。しかし、数ある悲嘆の中でも、愛する人の喪失による悲嘆の大きさは計り知れないと言えるでしょう。グリーフケアとは、この大きな悲しみを少しでも小さくするためにあります。

わたしたちの人生とは、「出会い」と「別れ」の連続であり、別れに伴う「悲しみ」も影のように人生についてまわります。愛する人を亡くすか、あるいは、それを予期しなければならない立場に立たされた人は、必ずといっていいほど、「悲嘆のプロセス」と呼ばれる一連の心の働きを経験させられます。死にゆく人の家族は、愛する人の死を予期したときから、「準備的悲嘆」と呼ばれる一連の悲しみを経験します。そして、実際に死別に直面した後、さらにいくつかの段階を経て、その衝撃から立ち直ってゆきます。

わたしは、グリーフケアの研究に打ち込み、関連する著書も多く書きました。上智大学グリーフケア研究所の客員教授も務めました。

グリーフケアに「物語」を

サンレー社長、上智大で講義

生死題材の映画・本紹介「最も効果」

グリーフケアの講義をする佐久間さん＝21日、東京都千代田区

大切な人を失った悲嘆を癒やし、支援する「グリーフケア」の研究所が上智大学にある。各地に葬祭場を展開するサンレー（本社・北九州市）の社長、佐久間庸和さん(55)が今月、研究所の客員教授として教壇に立った。遺族に寄り添って別れの儀式を手掛けるプロとして、生と死を語り、ケアを学ぶ参考になる物語などを紹介した。

佐久間さんは、研究所の島薗進所長らとかねて交流があり、一昨年、昨年と特別講義を担当。今年から客員教授として11月に2度、東京・四谷の上智大で約50人の受講生に講義した。初回の「グリーフケアと葬儀」に続き、21日は「グリーフケアと読書・映画鑑賞」のテーマで話した。

幼い頃から死について強い関心を抱いていたという佐久間さん。グリーフケアについて「死別の悲嘆を癒やす」ことに加え、「自らの死の不安を軽減する」ことも大きなテーマになる、と指摘した。

その上で、同様の悲嘆や不安を自分以外の多くの人が抱えていることを知り、それを乗り越えて生きる力を得るために「『物語』が最も効果があるのではないか」と述べ、生と死を題材にした映画や本を紹介した。

映画は、孤独のうちに亡くなった人を弔う民生係の物語「おみおくりの作法」、アウシュビッツで息子を手厚く埋葬しようとするユダヤ人男性を描いた「サウルの息子」、余命短い父親の日々を映したドキュメンタリー「エンディングノート」など邦・洋画を数十本取り上げた。一部の予告編を上映すると、すすり泣く人も。

冠婚葬祭事業を営む佐久間さんは「グリーフケアと一体の葬儀は奥が深い」と語り、「死の不安を越え、愛する人を失った悲しみを軽くするお手伝いができれば、と日々考えている」と講義を結んだ。

研究所は2009年、JR西日本の脱線事故をきっかけに、聖トマス大（兵庫県、15年閉校）が設立。10年に上智大に移管された。病気や災害、事故などの遺族らを支援する人材を養成する講座や、公開講座を開いている。医師や看護師、社会福祉士、カウンセラー、僧侶らが受講しているという。

（奥村輝）

「朝日新聞」（朝刊）２０１８年11月27日より

ケアとして遺族会の役割

悲嘆というのは、「時が解決してくれる」とは限りません。

多くの場合、悲しみは月日と共に遺族の心を支配するケースも少なくありません。とくに配偶者を亡くした高齢者などは、悲しみに加え、寂しさ（孤独）という現実に向き合うことも少なくないのです。孤立しないためのケアといってもいいでしょう。

わが社が取り組んでいるのが、グリーフケア・サポートです。

遺族に対していかに寄り添うかをテーマにしています。二〇一〇年六月、わが社では、長年の念願であったグリーフケア・サポートのための会員制組織をスタートさせました。「月あかりの会」と命名したその会は、わが社で葬儀を行なった遺族を対象とした遺族会という位置付けで発足しました。

具体的には「月あかりの会」は、北九州市八幡西区にあるサンレーグランドホール内

2010年にオープンした「ムーンギャラリー」

にオープンした「ムーンギャラリー八幡店」、同年一〇月に北九州市小倉北区のサンレー小倉紫雲閣の横にオープンした「ムーンギャラリー小倉店」を拠点としています。

これは大阪を本社とする大手葬儀社の公益社が二〇〇三年一二月に発足させた「陽だまりの会」を参考として作られた会です。「陽だまりの会」においても「月あかりの会」においても、共通しているのは、遺族のグリーフケア・サポートを目的とする組織であること。加えて、「月あかりの会」に関しては、北九州市という全国の政令指定都市で最も高齢化率の高い地域においての地域住民の孤立化の防止も含んだ活動も目的としています。

「月あかりの会」という遺族会

「月あかりの会」の会員の構成として、わが社で葬儀を行なわれた方の遺族に対し会の趣旨と活動を説明し、賛同いただいた方に加入していただいています。令和三年十二月現在、「月あかりの会」の現会員としては一四一〇人となり、ちなみに、これまでの会員数はのべ一万五五四一人となります。

「月あかりの会」では、「癒し」「集い」「学び」「遊び」の四つの基本コンセプトによって、さまざまな活動が行なわれています。以下、それらを簡単に紹介します。

- 癒し……深い悲しみにある人が、前向きに生きていくことができるように、安心感を与え、癒しに役立つものを紹介し、さまざまなサポートを行なう。（手元供養、グリーフケア読書会など）
- 集い……会食や慰霊祭、月例会を開催し、同じような境遇の人々が集える場を提供する。

(「故人は自分と人々の中にいること」を確信する機会の提供、定期イベントの開催など)
・学び……セミナーやカルチャー教室などを開催し、次の目標を見つけてもらうなど、学びあえる機会を提供する。(共通の趣味の方と共に学び、友人やパートナーなどの新たな良い人間関係づくりのお手伝い。新たな趣味の発見のお手伝いをする)
・遊び……定期的に旅行を開催し、参加者が和やかに楽しむことのできる機会を提供する。
(「縁」を結ぶ機会を提供)

また、各地のセレモニーホールでは、ご遺族を招いて慰霊祭を行なっています。地区ごとに年間で計二〇回行ない、内一〇回は一周忌を迎えたご遺族、残りの一〇回は三回忌を迎えられたご遺族をご招待し、故人を偲んでいただく場を提供するために行なっています。

内容としては、無宗教形式による献灯式・当日出席いただいた方の関係の故人様の名前と命日の読上げ・「禮鐘の儀」による黙祷・追悼の言葉などを行ない、音楽で心を癒していただくようにミニコンサートなどを行なっています。その後、全員で食事を行なっています。

三回忌の慰霊祭が終わった時点で一区切りつける形で、会員登録を抹消していますが、再度会員に登録する人も多いです。

「月あかりの会」の他の活動としては、以下のようなものがあります。

・年二回の会報誌の発行
・三ヶ月に一回、バスハイクの開催（参加者は二〇名～四〇名ほど）
・毎週、水曜日に自助グループとして「うさぎの会」の開催（毎回二〇～三〇名ほど）
・毎年四月、沖縄にて「合同慰霊祭」と「海洋散骨」を開催
・毎年一〇月、観月会とレーザー光線を月に飛ばす慰霊祭である「月への送魂」に参加
・手元供養品などの展示会の開催

このような活動は、「愛する人を喪失した対処から、愛する人のいない生活への適応のサポート」を行なうことを目的として開催しています。活動に参加していただくことで、「人生の目標を見出せる、喜びや満足感を見出せる」「自分自身をケアすることをすすめる。

・他者との関わりや交わりをすすめ、自律感の回復を促す」ことを伝える目的があります。

「うさぎの会」という自助グループ

「月あかりの会」の中から生まれてきたものとして、遺族を中心とした自助グループの「うさぎの会」があります。グリーフケアとして、同じ経験を共有する方とのふれあいが大きな力になるからです。メンバーの中心は大切な方々を亡くされた方の集まりで、毎週水曜日一〇時から「うさぎの会」と銘打ってムーンギャラリーで活動を行ないます。

配偶者を亡くされた方、お子さんを亡くされた方、親御さんを亡くされた方など大切な方を亡くされた同じ経験を持った方々と、その経験をともに語らいながら時間を過ごしていただき、少しでも心の拠り所の場所として利用して頂ければという思いから集いの場を提供させていただいています。

自助グループとしての活動のため、基本的には自主的にどのようなことを行なうかは「うさぎの会」の中で班長を決め、班長を中心に話し合って決めています。その活動を外部からサポートするためにサンレーのスタッフが専属で担当しています。「うさぎの会」メンバーの年代は五〇代から八〇代までさまざまですが、平均年齢は七七歳で男女比は2：8となっています。

フラワーアレンジメント、ウォーキング、囲碁、将棋、手芸、写経、絵手紙、折り紙などの文化活動、さらには雑談などの中で、徐々に他人と交わることで大切な方を亡くされた悲嘆の状態から回復し、また自発的に新しく入ってきたメンバーへのアドバイスや声掛けなどを行えるようになり、活動や会食などの交流の中で新たな目標や喜び・満足感を見出し、今後の人生を充実したものにして行くお手伝いをさせていただいています。

また、「月あかりの会」や「うさぎの会」の活動の舞台となっている「ムーンギャラリー」では、手元供養品（カロートペンダント・ミニ骨壷）、線香やロウソク、お供え物の展示・販売のほか「グリーフケア・ブック」として、グリーフケアに関連する絵本や書籍を展示・販売しています。さらに、海洋散骨や樹木葬の受付窓口としても活動をしています。

「月あかりの会」「うさぎの会」の活動や「ムーンギャラリー」の設置は、わが社にとっても、

自助グループ「うさぎの会」

配偶者を亡くされた方、親御さんを亡くされた方など、大切な方を亡くされた同じ経験を持った方々と、その経験を語らいながら時間を過ごす集いの場所です。

活動や会食などの交流のなかで新たな目標や喜び・満足感を見出し、今後の人生を充実したものにしていくことこそ、グリーフケアに欠かせない活動です。

これまでの葬儀サービスを提供して終わりということだけでなく、今後のグリーフケア・サポートの重要性を増す重要な企業活動となっています。
愛する方を亡くされた方がグリーフと共に歩むきっかけとして、いろいろな活動に参加してもらうことが大切です。その中で悲嘆を癒すきっかけをつかんでいただけるように願っています。そして、「愛する人を喪失した対処から、愛する人のいない生活への適応」をしていけるよう、亡くした方を忘れるのではなく、亡くしたことを事実として受け入れ、その中から新しい生きがいを見つけていけるお手伝いをしたいと思います。

グリーフケアとしての「笑い」

わが社のグリーフケア・サポートおよび隣人交流サポートでは、毎月、漫談家を招いて「笑いの会」を開き、半年に一度は落語家を招いて大規模なイベントを開催しています。笑顔こそは、自死や孤独死を防ぐ最大の力を持つと考えているからです。

笑顔は、いわゆる接客サービス業においてだけでなく、ありとあらゆるすべての人の人間関係に大きな好影響を与えます。国籍も民族も超えた、まさに世界共通語、それが笑顔です。また、性別や年齢や職業など、人間を区別するすべてのものを超越します。

笑顔など見せる気にならないときは、無理にでも笑ってみせることです。アメリカの心理学者ウイリアム・ジェイムズによれば、動作は感情に従って起こるように見えますが、実際は、動作と感情は並行するものであるといいます。ですから、快活さを失った場合には、いかにも快活そうにふるまうことが、それを取り戻す最高の方法なのです。不愉快な

サンレーが主催する「笑いの会」

ときにこそ、愉快そうに笑ってみることが大切です。「笑う門には福来る」という言葉があるように、「笑い」は「幸福」に通じます。

笑いとは一種の気の転換技術であり、笑うことによって陰気を陽気に、弱気を強気に、そして絶望を希望に変えることができます。

他人の笑いからもプラスの気を与えられます。特に元気な子どもの笑い声など、人間の精神の糧になるだけでなく、肉体にも滋養になるとされています。「童《わらべ》」の「わら」と「笑い」の「わら」とは通じているのです。笑うとは、子どものように純粋で素直な心になることだと言えます。

わが社の経営理念の一つに「スマイル・トゥー・マン

カインド」があります。「すべての人に笑顔を」ということであり、これは同社のミッションである「人間尊重」そのものであると言えます。これを経営理念として取り入れたとき、営業や冠婚部門に笑顔が必要なのは当然ですが、葬祭部門には関係ないのではと思った方がいたようです。

しかし、それは誤った認識です。仏像は、みな穏やかに微笑んでいます。これは優しい穏やかな微笑みが、人間の苦悩や悲しみを癒す力を持っていることを表しています。葬儀だからといって、暗いしかめ面をする必要などまったくありません。

わが社の葬祭部門の「お客様アンケート」を読むと、「担当の方の笑顔に癒されました」とか、「担当者のスマイルに救われた」などの感想が非常に多いことがわかります。もちろん、葬儀の場で大声で笑ったり、ニタニタすることは非常識であり論外ですが、穏やかな微笑は必要ではないでしょうか。

愛する人を亡くした人の顔に再び笑顔が戻ることが、わが社にとって何よりの願いであり、そのためのさまざまなグリーフケア・サポートの実践を今後も続けていきたいです。

グリーフケア・サポートの目指すもの

わたしは、「死は最大の平等である」という言葉をよく口にします。

これはわが信条であり、わが社のスローガンでもあります。

箴言《しんげん》で知られたラ・ロシュフーコーが「太陽と死は直視することができない」と語りましたが、太陽と死には「不可視性」という共通点があります。わたしは、それに加えて「平等性」という共通点があると思っています。太陽はあらゆる地上の存在に対して平等です。異色の哲学者・中村天風によれば、太陽光線は美人の顔にも降り注げば、犬の糞をも照らします。わが社の社名は「サンレー」ですが、万人に対して平等に冠婚葬祭を提供したいという願いを込めて、「太陽光線（SUNRAY）」という意味を持ちます。

「死」も平等です。ただ「生」は平等ではありません。生まれつき健康な人、ハンディキャップを持つ人、裕福な人、貧しい人……「生」は差別に満ち満ちています。しかし、王様でも富豪でも庶民でもホームレスでも、「死」だけは平等に訪れるのです。「死」そのものは平等であっても、「死に方」は平等ではありません。言うまでもなく、人の死は「病死」や老衰による「衰弱死」だけではないのです。世の中には、戦死、殺人、事故死、自死、孤独死……さまざまな望まれざる死に方があります。

わたしは政治家ではないので戦死をなくすことはできません。また、警察関係者ではないので殺人や事故死を減らすこともできません。しかしながら、互助会という相互扶助の組織を活用すれば、自死と孤独死を減らすことはできると考えているのです。

そして、自死を減らす試みがグリーフケア・サポートであり、孤独死を減らす試みが隣人祭りであると言えます。さらに、その二つのベクトルは交差します。グリーフケア・サポートが孤独死を減らし、隣人祭りが自死を減らすこともできるのです。そして、この中核にあるコンセプトこそ「ウェルビーイング」です。

ウェルビーイング産業

「ウェルビーイング産業」という言葉があります。人々のウェルビーイングに寄与するような商品やサービスを提供する産業を意味するそうです。

ウェルビーイングが身体的・精神的・社会的健康ということなら、精神的健康とは「グリーフケア」に通じますし、社会的健康とは「隣人祭り」などの隣人交流イベントに通じます。わが社は、この四〇年間ずっと、世の人々の「ウェルビーイング」追求し、精神的健康や社会的健康づくりのお手伝いをしてきたウェルビーイング産業だと思います。

これからも無縁社会を乗り越え、有縁社会を再生する「縁づくり」を進めていきます。

考えてみれば、無縁社会というのはウェルビーイングに最も逆行するものです。ウェルビーイングにとって、良好な人間関係、仲間との交流は欠かせません。老いを豊かにするためにも、死の不安を乗り越えるためにも、「縁づくり」は最重要課題なのです。

あとがき　心の平安――「WC」は「むすび」で受け継がれる

ウェルビーイングについての本の最後にこんなことを書くのも何ですが、わたしは、幸福というものの正体は、じつはウェルビーイングだけでは解き明かせないと感じています。

わたしは、これまで多くの言葉を世に送り出してきましたが、ここでは「WC」という言葉を提案したいと思います。トイレでもワールドカップでもありません。

「WC」という言葉は「Well-being」の頭文字と、「Compassion」の頭文字からとったもので、「ウェルビーイング&コンパッション」を意味しています。

コンパッションという言葉をはじめて聞かれた方も多いと思います。直訳すれば「思いやり」ということです。じつは、わたしは、これまでウェルビーイングを超えるものがコンパッションであると考えていました。しかし、最近になって間違いに気づきました。

「幸せ」と「思いやり」――この二つはまったく矛盾しないコンセプトであり、それどころか二つが合体してこそ、わたしたちが目指す互助共生社会が実現できることに気づいたのです。ウェルビーイングが陽なら、コンパッションは陰。そして、陰陽を合体させることを産霊《むすび》といいます。「サンレー」という社名にも「産霊」の意味があります。

本書との同時出版として双子本となる『コンパッション！』を上梓しました。「コンパッション」という新しいコンセプトの入門書といえる位置づけのものです。その中で、いかにその二つがかかわりあい、補完し合うかを書きました。ごく近い将来、必ずや「コンパッション」は「ウェルビーイング」と並ぶ社会や経営のキーワードになります。

ウェルビーイングとコンパンション──わたしが、そしてサンレーグループが目指している「ハートフル・ソサエティ」「心ゆたかな社会」「互助共生社会」を実現するために欠かせない両輪ともいえるコンセプトに出合い、いま、わたしは大きな喜びを感じています。

本書を読まれた方々の心が平安で、幸福であり続けられることを願っています。

二〇二三年五月一〇日　還暦を迎えた日に　佐久間庸和

佐久間庸和（さくま・つねかず）

1963年、福岡県生まれ。早稲田大学政治経済学部卒業。㈱サンレー代表取締役社長。九州国際大学客員教授。全国冠婚葬祭互助会連盟（全互連）会長、一般社団法人 全日本冠婚葬祭互助協（全互協）副会長を経て、現在、一般財団法人 冠婚葬祭文化振興財団副理事長。2012年、第2回「孔子文化賞」を故稲盛和夫氏（稲盛財団理事長）と同時受賞。日本におけるグリーフケア研究および実践の第一人者としても知られている。上智大学グリーフケア研究所の客員教授を務めながら、全互協のグリーフケアＰＴ座長としても資格認定制度を創設。一条真也のペンネームでの著書は100冊以上。

ウェルビーイング？ Well-being？

2023年7月15日　初版第1刷

著　　　者 ――― 佐久間庸和《さくまつねかず》
発　行　者 ――― 坂本桂一
発　行　所 ――― 株式会社オリーブの木
〒161-0031
東京都新宿区西落合4-25-16-506
www.olivetree.co.jp
発　　　売 ――― 星雲社（共同出版社・流通責任出版社）
カバーデザイン
本　文　DTP ――― 渡邉志保

印刷・製本　株式会社ルナテック
乱丁・落丁本はお取り替えいたします。
定価はカバーに表示してあります。

ISBN978-4-434-32408-6 C1234